EL MAPA DE TU ALMA

EL MAPA DE
TU ALMA

JENNIFER FREED

KEPLER

Argentina – Chile – Colombia – España
Estados Unidos – México – Perú – Uruguay

Título original: *A Map to Your Soul*
Editor original: Rodale Books, an imprint of Random House,
a division of Peguin Random House LLC
This edition published by arrangement with Rodale Books,
an imprint of Random House, a division of Penguin Random House LLC.
Traducción: Rocío Acosta

1.ª edición Noviembre 2023

Copyright © 2022 by Jennifer Freed
All Rights Reserved
© 2023 de la traducción *by* Rocío Acosta
© 2023 *by* Urano World Spain, S.A.U.
Plaza de los Reyes Magos, 8, piso 1.º C y D – 28007 Madrid
www.edicioneskepler.com

ISBN: 978-84-16344-85-7
E-ISBN: 978-84-19699-49-7
Depósito legal: B-16.839-2023

Impreso por: Rodesa, S.A. – Polígono Industrial San Miguel
Parcelas E7-E8 – 31132 Villatuerta (Navarra)

Impreso en España – *Printed in Spain*

ÍNDICE

AGRADECIMIENTOS

Quiero dar las gracias antes de que empieces a leer este libro porque, sinceramente, no lo habría logrado sin la ayuda de estas personas.

A mi boba glamorosa (GP), que tuvo la valentía, la amabilidad, la visión y la perseverancia para un mundo de posibilidades a las mujeres que quieren llevar una vida plena.

A Elise Loehnen, quien me descubrió y me brindó un medio para compartir mis dones y continúa siendo una luz perenne en mi cosmos.

A Melissa Lowenstein, quien me ayudó a escribir este libro y se presenta ante la vida con más integridad, devoción y talento de lo que es humanamente posible.

A Coleen O'Shea, una agente increíble, una de las mujeres más brillantes que conozco y un gran pilar de compasión.

A Donna Loffredo, mi editora, que logra que todo brille de verdad. Donna, tu sabiduría y determinación me entusiasman.

A Kiki Koroshetz, quien podría gobernar el mundo a fuerza de corazón, descaro y espíritu. Ojalá lo hiciera.

A Leah Pellegrini, escritora y astróloga extraordinaria que hizo su aporte a la explicación introductoria sobre astrología en el Anexo 1. Gracias.

A Monisha Holmes, una astróloga hermosa e innovadora que me ayudó a escribir el comentario sobre los sistemas de casas de la astrología en el Anexo 3. Gracias.

Gracias, Jenny Blaise Kramer, por tu aporte a las primeras versiones de este libro.

A mi tribu sagrada: Gran parte del apoyo que recibí fue vuestro. Estaré eternamente agradecida.

INTRODUCCIÓN

Olvidar cómo cavar la tierra y cuidar el suelo
es olvidarnos a nosotros mismos.
—Mahatma Gandhi

Sin océano, no hay vida. Sin azul, no hay verde.
—Sylvia Earle

Enciende tu vida. Busca a aquellos que aviven
tu llama.
—Rumi

Así es la vida: comenzar de nuevo,
una respiración a la vez.
—Sharon Salzberg

El propósito de este libro es ayudarte a llevar una vida plena.

¿Qué quiero decir exactamente con «llevar una vida plena»? ¿Qué aspecto tiene una vida plena? ¿Cómo se sentiría? ¿Por qué querríamos tenerla?

Me refiero a estar en contacto con nuestro ser y el mundo que nos rodea, día a día y la mayor parte del tiempo. A poder relacionarnos con casi todas las personas y las cosas de una manera sana. A vivir cada día con la confianza de que estamos desarrollando nuestros dones fundamentales con disciplina, devoción y seguridad, y a poder disfrutar de los aportes únicos que hacemos en todos los aspectos de nuestra vida, ya sean grandes o pequeños.

Puede que sea difícil imaginar ahora cómo sería llevar una vida en la que poder expresar todas nuestras facetas a diario. Las observaciones de este libro revelarán cómo sería este estilo de vida para ti. Tiene diferencias preciosas para cada persona. Somos tan especiales y nuestros dones son tan complejos, que ningún enfoque universal ni una única hoja de ruta nos pueden guiar para llevar nuestra propia vida plena. Este libro no es ninguna de esas dos cosas (un enfoque universal o una hoja de ruta única). Es una guía para el autoconocimiento y la autorrevelación, para ganar sabiduría en las relaciones y para descubrir desde qué lugar aportamos al universo, según las fortalezas y preferencias que nos caracterizan.

Todos podemos llevar una vida plena si estamos dispuestos a hacer el esfuerzo necesario para que salgan a la luz nuestros dones innatos (y todos tenemos muchos). Se necesita *voluntad*, es decir, la capacidad para dedicar tiempo a aprender, a trabajar por algo, a mantener la curiosidad, a estar dispuestos a salir de nuestra zona de confort y adentrarnos en lo desconocido, a equivocarnos y recuperarnos rápidamente y a volver a la cancha del aprendizaje y el crecimiento. Cuando agregamos la necesidad de hacer todo ese trabajo por nuestro propio beneficio y el de nuestros seres queridos más cercanos, pero también por el bien de todo el mundo, ya no estamos hablando de una simple voluntad, sino que entramos en el campo de la voluntad *espiritual*.

Este no es un libro para aquellos que quieren que alguien les dé las respuestas fáciles sobre los desafíos radicales de la vida. Si estás buscando eso, no tendrás problemas para encontrar otros libros y enfoques que te enseñarán a depender de fórmulas, o a un gurú que estará encantadísimo de decirte quién eres y en quién debes convertirte. Este libro es para quienes saben que las respuestas están en su interior y que solo encontrarán oro si siguen su propio mapa del tesoro. No necesitan que les den las respuestas, sino indicaciones y guías para encontrarlas por sí mismos. Aquí, la astrología psicológica es la fuente de esas indicaciones y guías.

¿Qué es la astrología psicológica?

Con frecuencia se hace un uso indebido de la astrología para recetar soluciones, atribuir un estereotipo y crear pretextos para justificar el comportamiento humano. La astrología psicológica no hace nada de eso. Es una investigación evocativa e inspiradora de todas las posibilidades divinas que tenemos, y que respeta el derecho a elegir y la responsabilidad sobre nuestra vida. Muestra el ser con una profundidad y extensión que nos empodera para transitar la vida de la manera más satisfactoria y gratificante. La astrología moderna tiende a enfocarse en la autoconciencia: *¿Quién eres? ¿Cuál es tu verdadera personalidad? ¿Qué viniste a hacer en esta vida?* Sin dudas, mi interpretación de la astrología psicológica te ayudará a conocerte mejor, pero también te apoyará para usar el autoconocimiento y la autoconciencia que has desarrollado y hacer una contribución óptima a tu comunidad y tus seres queridos.

He dedicado toda mi vida adulta a estudiar y ejercer la psicología y la astrología. Como psicóloga, he observado la motivación humana, los patrones, el adoctrinamiento cultural y los complejos y métodos psicológicos. Como astróloga, los movimientos y significados de los planetas, y las metáforas de los signos astrológicos. La astrología psicológica es el estudio del alma junto con el de las estrellas: tus historias biológicas y de nacimiento sumadas a tu ADN cósmico.

En mi formación como psicóloga, he aprendido a comprender y tratar el pensamiento, los sentimientos y el comportamiento disfuncional, y he dedicado dos décadas a aprender y aplicar métodos para reducir los efectos del trauma generacional y circunstancial. En el ámbito educativo de la astrología, he aprendido a ver e interpretar un léxico sumamente complejo sobre los planetas, las estrellas y las formas en que sus alineaciones revelan destinos y ciclos. Mi ejercicio de la astrología psicológica es la confluencia de esas dos artes.

Aparte de toda esa capacitación, leer las cartas de miles de clientes es lo que más me ha enseñado sobre el plan divino para la vida de cada persona. Las lecturas que hago no son una descarga de información que obtengo al ver las cartas de las personas mientras ellos me escuchan con atención. Son conversaciones terapéuticas. Yo comparto con ellos mi experiencia y mis conocimientos sobre la psicología y la astrología, y ellos me entregan el conocimiento profundo y verdadero sobre ellos mismos. Juntos, buscamos llegar a información que muchas veces se percibe como nueva y conocida, que afirma cosas que ellos ya saben, en cierto modo, en lo profundo de su ser, y eso los inspira a acercarse a sus bordes en expansión.

El gran conocimiento que tengo sobre la astrología se lo debo a mis clientes. Escuchar con atención sus historias sobre cómo los planetas de sus cartas se relacionan con sus experiencias de vida es la base de mi sabiduría.

Este libro se basa en mis profundos conocimientos y mis experiencias con la astrología y la psicología. Este es tu mapa del alma y tu mapa estelar combinados.

Los elementos: una introducción

La sabiduría que se obtiene de los elementos naturales —fuego, tierra, aire y agua— es una de las bases de las prácticas de sanación de la cultura china, nativo americana, védica y tibetana. En este libro me enfocaré en el uso de los elementos en la astrología.

Quizás conozcas el elemento que se corresponde con tu signo solar (por ejemplo, Aries es fuego, Tauro es tierra, Géminis es aire y Cáncer es agua). Pero, como es probable que sepas, tu carta natal es mucho más que tu signo solar y, del mismo modo, tu composición elemental va más allá del elemento que se corresponde con tu signo solar.

Cada uno de nosotros tiene una constelación única de los cuatro elementos que llevamos dentro, la cual se manifiesta de diferentes formas en las distintas áreas de nuestra vida. Puede que te enciendas como una llama ante un desafío en el trabajo, pero tengas una rutina firme como la tierra cuando se trata de tu salud. Quizás tengas un aire intelectual cuando se trata del amor o seas una persona empática, sensible y pura como el agua en lo relacionado con el sexo.

Los cuatro elementos fundamentales de tu alma son:

 Fuego: la parte dinámica, exuberante y activa de tu naturaleza.

 Tierra: la parte firme, sensual y conservadora de tu naturaleza.

 Aire: la parte intelectual, objetiva y lógica de tu naturaleza..

Agua: la parte sentimental, empática, integradora y sensible de tu naturaleza

Hace miles de años, nuestros ancestros tenían una conexión muy fuerte con la tierra y su hogar, y confiaban en sus capacidades para encender un fuego. Sus vidas dependían del aire fresco y las fuentes de agua potable. Hoy en día seguimos dependiendo de esos cuatro elementos, que nos ofrecen una sabiduría imprescindible para nuestra supervivencia y prosperidad.

Estamos *hechos* de fuego, tierra, aire y agua. Los impulsos eléctricos recorren nuestro cuerpo para estimular las células de los músculos y encender las neuronas. Estamos compuestos de carbono, con los mismos materiales que las piedras y la tierra. Solo podemos pasar tres minutos sin aire, y el 60 por ciento de nuestro peso corporal está compuesto de agua. No es una exageración afirmar que *somos* la sabiduría de los elementos, que caminamos, hablamos, abrazamos, hacemos el amor, construimos rascacielos, fundamos organizaciones sin fines de lucro, parimos, yacemos en nuestro lecho de muerte... Somos la sabiduría de los elementos, que piensan, sienten, aman, experimentan, aprenden, cuestionan y exploran.

Al ocuparnos de los cuatro elementos, empezamos a estar en equilibrio con la naturaleza. Y cuando nos volvemos más conscientes de los elementos en nuestra vida cotidiana, desarrollamos los recursos y las energías para contribuir en nuestros amigos, familias y comunidades.

Piensa en un momento en que te sentiste firme y centrado (tierra), con la mente clara (aire), con una gran sinceridad (agua) y la mayor creatividad (fuego). Lo más probable es que eso haya pasado en un momento de tu vida en que mostraste más generosidad, sinceridad y ganas de contribuir al bienestar de otras personas. Intenta volver a ese momento en tu mente durante el tiempo necesario para sentirlo en el cuerpo.

En nuestra cultura nos hemos olvidado de reconocer nuestra conexión con los elementos en todo lo que nos rodea. Algunos podrían decir que esa es la razón principal por la que ahora nos enfrentamos a un cambio climático fuerte y progresivo, que produce sequías, inundaciones, incendios forestales y tormentas mortales, así como una contaminación generalizada de la tierra, el aire y el agua. Nos ponemos en riesgo al negar la profunda conexión que tenemos con el mundo natural. Es hora de traer la sabiduría elemental de vuelta a la consciencia diaria, de forma que honre cuánto han cambiado las cosas desde que la humanidad descubrió el fuego.

> Todo lo que hay en el universo está en tu interior. Búscalo allí..
> —Rumi (tenía Luna en Libra en oposición a Neptuno)

Cuando comienzas a ser consciente de cada elemento y te tomas el tiempo para apreciar realmente su sencillez y poder, empiezas a moldear tu cerebro y lo devuelves a su estado más natural y resiliente. Recuerda: tomar una bocanada de aire limpio y fresco de la montaña, en ese momento, es suficiente. Estar en un campo hermoso, mirando árboles magníficos y la abundancia de la tierra, es suficiente. Estar cerca de un fuego hermoso, ya sea para mantener el calor dentro de casa o al acampar al aire libre, mirando la magia de ese fuego, es suficiente. Y disfrutar un baño o una ducha espléndida, o sumergirse en el mar o una piscina y sentirnos limpios, renovados y libres, es suficiente.

Los dominios

Este libro es un viaje en doce partes para que tus posibilidades más interesantes se vuelvan realidad con la guía de los elementos fuego, tierra, aire y agua. Cada capítulo te permitirá desbloquear tus propios códigos elementales al profundizar en la interacción de los elementos con un *dominio* específico de la vida.

Los dominios se basan en el sistema de casas astrológicas, que divide la experiencia de vivir en un cuerpo humano en doce áreas. Este sistema de organización en partes de nuestras experiencias de vida es, en mi opinión, el mejor que existe, no solo por el desarrollo del ser, sino por el de las relaciones con otros individuos y con todas las demás personas en conjunto. Por último, desarrolla el ser como un microcosmos del universo. Cada ser humano lleva dentro los ingredientes de todos los aspectos de la vida —los cuatro elementos—, que se expresan de manera única en los doce dominios de la vida de cada persona. Explorar este sistema por tu cuenta te ayudará a expresar esos atributos que son únicamente tuyos, y eso también contribuye a la red de toda la vida humana.

> Necesitamos alegría como necesitamos el aire. Necesitamos amor como necesitamos el agua. Y nos necesitamos los unos a los otros como necesitamos la tierra que compartimos.
>
> —Maya Angelou (tenía Luna en el signo de aire de Libra, en oposición al radical e imaginativo Urano)

He elegido usar el término «dominios» en lugar de casas astrológicas por dos motivos. Primero, porque cada casa se refiere a muchas áreas de la vida, y quiero enfocarme en solo una o dos de esas áreas, las que me parecen más valiosas a tener en cuenta en el camino hacia la plenitud. Segundo, porque quiero que este libro sea para todos, tanto los que tienen conocimiento astrológico como los que no.

Para emprender este camino conmigo, no es necesario entender y poder abordar el sistema de casas astrológicas, pero saber más sobre ellas enriquecerá la comprensión de los dominios a medida que los describa. (Si te interesa expandir tu conocimiento sobre las casas, puedes consultar el Anexo 2).

Al avanzar en el libro, estos dominios se convertirán en un marco para observar la danza de los elementos en tu vida.

Mirar hacia adelante

Al pasar por los doce capítulos, tendrás bastantes oportunidades para analizarte y entender mejor a las personas que te rodean. Mientras desarrollas tus propias fórmulas mágicas para sintetizar los elementos, comenzarás a sentir que la vida está *de tu lado* y no en tu contra. Desarrollarás la confianza en tus capacidades para recuperar el equilibrio cuando notes que lo has perdido.

✦

LOS DOMINIOS

Los doce dominios se basan en las doce casas astrológicas. Cada dominio representa un área diferente de la vida:

Casa 1: autoconsciencia, imagen, personalidad externa.

Casa 2: valores y recursos personales, como el dinero y las capacidades.

Casa 3: pensamiento y comunicación.

Casa 4: hogar, crianza, confianza interior.

Casa 5: creatividad, romance, diversión, hijos.

Casa 6: trabajo, salud, autodesarrollo, autocuidado, rutina diaria.

Casa 7: sociedades, incluido el matrimonio.

Casa 8: sexo, muerte, dinero de otras personas, intercambio, rendición.

Casa 9: filosofía, educación superior, divulgación, religión, viajes largos.

Casa 10: carrera, estatus, reputación.

Casa 11: grupos, amigos, contribución a la comunidad.

Casa 12: espiritualidad, soledad, instituciones, trascendencia.

Dado que este sistema de casas es un mapa perfecto para observar nuestros logros y posibilidades, he decidido utilizarlo como marco para los doce dominios que presento en este libro.

Cómo usar este libro

No necesitas conocimientos previos sobre astrología para sacar provecho de los *elementos*. Este es un libro para todos aquellos que quieran llevar una vida más plena. Los ejercicios y prácticas incluidos aquí revelarán las mismas verdades sobre ti y tus fortalezas y debilidades elementales, y las áreas que puedes desarrollar, tanto si las puedes relacionar con tu carta natal como si no.

Pongámoslo de otro modo: digamos que decides comprometerte de lleno con los procesos presentados en este libro antes de siquiera mirar tu carta natal. Luego, podrías conseguir tu carta y un informe, o incluso solicitar una lectura a un profesional de la astrología psicológica. Podría apostar que el análisis confirmaría todo lo que hayas aprendido. Porque ya habrías hecho el trabajo de conocerte en profundidad al pasar por los capítulos que abordan cada dominio.

Dicho esto, quienes tienen algún conocimiento sobre astrología (o a quienes les gustaría incorporar esa dimensión a su saber) pueden obtener algo más de este libro. Esas personas encontrarán consejos especiales llamados «Iluminaciones», creados para ellos. Si tienes un conocimiento básico sobre la carta natal —que incluiría conocer los signos, entender las casas, saber cómo leer los elementos dentro de cada casa—, quizás quieras revisarla a medida que avances en los ejercicios. Al pasar por esos inventarios y ejercicios con tu carta como referencia, puedes ampliar el aprendizaje y el crecimiento que facilita ese material. Podrás ver el equilibrio de los elementos en tu carta y cómo se corresponden con las respuestas que das en todos los ejercicios.

Cada una de las casas astrológicas de tu carta natal está «regida» por uno de los doce signos astrológicos, que tienen una composición elemental: Aries, Leo y Sagitario son signos de fuego; Tauro, Virgo y Capricornio, de tierra; Géminis, Libra y Acuario, de aire; y Cáncer, Escorpio y Piscis, de agua. Verás que los mencionaré de vez en cuando, ya que el elemento relacionado con cada casa/dominio en tu carta influirá en tus dones naturales y los bordes en expansión en cada área.

Si no sabes nada de astrología o quieres una experiencia de aprendizaje menos intensa, puedes aprovechar las herramientas de evaluación y los ejercicios prácticos, que te traerán crecimiento y felicidad, o puedes ir al Anexo 1 para ver una introducción general a la astrología.

✦

ILUMINACIONES

Un comentario para quienes buscan un nivel avanzado: si ya conoces el lenguaje astrológico, o si solamente tienes una gran motivación para sacar hasta la última gota de sabiduría de este libro, quizás debas obtener una copia de tu carta natal y un informe que la explique con bastante profundidad. Muchos sitios web ofrecen generadores de carta natal e informes gratuitos. Yo recomendaría

Cafe Astrology y Astro.com. Solo debes ingresar tu fecha, hora y lugar de nacimiento, ¡y listo! Tendrás tu carta natal e informe gratis.

Sin embargo, debes tener presente que un ordenador nunca podrá abordar toda la complejidad de tu experiencia y conocimiento interior únicos. Ningún algoritmo puede captar tu esencia verdadera. El informe digitalizado que se obtiene de una fuente gratuita en línea es solo el comienzo. Recomiendo a quienes buscan un nivel avanzado que soliciten una lectura genuina a un profesional cualificado de la astrología psicológica, para poder entender por completo la danza de los cielos en su carta natal y descubrir la mejor manera de explorar sus patrones y oportunidades. Visita www.jenniferfreed.com para obtener recomendaciones de astrólogos psicológicos maravillosos.

✦

En estos doce capítulos, aprenderás a usar los elementos a tu favor y a beneficiarte de los demás en cada dominio de la experiencia de vida. Todos los capítulos contienen por lo menos dos *inventarios*, en forma de cuestionarios o ejercicios que te invitan a reflexionar y autoexaminarte. Esos inventarios respaldarán tu investigación personal de todas las cosas que son importantes de verdad para llevar una vida plena y llena de experiencias. Un comentario importante: *aunque ya conozcas tu carta, haz todos los cuestionarios y ejercicios sin recurrir a tu conocimiento sobre astrología.* Una vez que hayas digerido por completo los resultados de los inventarios, deberías analizar cómo se corresponden las respuestas con tu carta natal. Esos inventarios aportarán más información sorprendente si los completas de ese modo. Incluso los expertos en astrología pueden aprender más sobre sí mismos —y sobre la astrología— si los abordan con una mentalidad de principiante.

Todos los conjuntos de inventarios vienen acompañados de prácticas que puedes hacer por tu cuenta o con otros para potenciar o mejorar la expresión de los cuatro elementos en esa área de tu vida. Cada capítulo también incluye historias reales de crecimiento personal relacionadas con el dominio en cuestión.

Puedes abordar el libro de distintas maneras:

Curso de un año. Puedes elegir completar un capítulo durante un mes de indagación y acción muy activo. Si tienes un enfoque más detallista y prudente del aprendizaje y el crecimiento, es probable que saques más provecho de cada capítulo al saborearlo durante más de un mes aproximadamente, para absorber y metabolizar cada bocado durante el tiempo que tu alma desee.

Tomar el libro como un curso de doce semanas. Si te gusta ir rápido y acaparar mucho, como a mí, quizás debas lanzarte y pasar por los capítulos a toda velocidad durante doce semanas. Si decides abordar el libro de esta manera, no te sorprendas si sientes cansancio al terminarlo y necesitas tomarte un tiempo antes de retomarlo.

Seleccionar las partes que más te atraen en este momento. Cada uno de los capítulos es una unidad independiente. No hay obligación de ir en orden. Puedes elegir en qué capítulos enfocarte según tus necesidades o preferencias actuales.

Compartirlo con amigos, familia o colegas. Leer este libro con alguien que quieres te ayudará a valorar las composiciones únicas de ambos y a aprender cómo impulsar los dones más profundos del otro. Puedes pedirles a tus amigos o parientes que lean el libro contigo como una actividad para generar autoconciencia, empatía y cercanía. Puedes llevarlo a tu trabajo y enfocarte en los capítulos adecuados para ese entorno, así podrás promover el compañerismo, la productividad y esa sensación de conocer realmente a las personas con las que trabajas a diario.

Explorarlo con una pareja o cónyuge. Al haber sido terapeuta durante más de cuarenta años, puedo afirmar que explorar estos capítulos como pareja será transformador para la relación.

Fortalezas elementales

En este libro, encontrarás pasadizos secretos para reconocer y utilizar tus fortalezas. Descubrirás algunas que quizás nunca habías tenido en cuenta, así como las que resultan conocidas y sobre las que se puede trabajar con reconocimiento, afirmación, aplicación y práctica consciente.

Por ejemplo, en mi carta natal, mis fortalezas son el fuego y el aire. Así que no importa qué suceda en mi vida, puedo recurrir a mi capacidad de pensar y hablar con claridad (aire) y a mi instinto visceral, optimismo y dinamismo increíbles (fuego) para cumplir hasta las tareas más mundanas y tediosas, como pagar las cuentas o los impuestos. Lo que sea que emprenda, lo hago con pasión y claridad mental, potenciada con una perspectiva visionaria.

> Dentro de los seres humanos / es donde Dios aprende.
> —Rainer Maria Rilke, en «Da dich das geflügelte Entzücken» (tenía Sol y Mercurio en Sagitario, y Luna y Marte en Acuario)

Donde me siento menos fuerte es en las áreas de la tierra y el agua. A veces, enraizarme y reflexionar son un gran desafío para mí. Para equilibrar mis fortalezas naturales, debo realizar prácticas conscientes para reforzar la tierra y el agua en mi vida, como una práctica diaria, arraigada y consciente de qigong (tierra), una práctica consciente para atenuar mi tendencia a soltar la lengua y ganarme a la gente con mi entusiasmo inagotable (tierra), y una práctica de empatía y de generación de espacio para las personas que quiero y que están sufriendo y necesitan a alguien que los escuche (agua).

Mi pareja es casi exclusivamente de agua. Este elemento representa los sentimientos. Se trata de la amabilidad, la delicadeza, la suavidad, la contención y la sensibilidad. Puede tratar los debates más desafiantes y a las personas más irritantes con cordialidad y compasión. Al igual que el agua, envuelve cualquier situación con su suavidad. Todos se comportan mejor cuando ella está presente porque su calidez luminosa, generosa y fluida los inunda. Sus áreas a desarrollar son el fuego, la tierra y el aire. Así como yo, ha trabajado conscientemente para fortalecer la expresión de los elementos más débiles de su naturaleza. Sin embargo, la realidad es que la profundidad y compasión del agua es su superpoder, así como el fuego y el aire son los míos.

Cumplir tu rol

Vivimos tiempos extremadamente caóticos. Vemos todo tipo de protestas y cuestionamientos de las estructuras sociales y las tradiciones actuales, junto con innovaciones y descubrimientos increíbles sobre la mejor forma de lograr un futuro equitativo y sostenible. Nos vemos envueltos en una crisis climática permanente que continúa agravándose y en desigualdades económicas y sociales persistentes. Este libro es un camino para convertirte en un integrante de este mundo que lleve una vida plena y comprometida y que pueda aportar soluciones. Cumplir tu rol puede convertirse en el punto de inflexión para hacer que el mundo sea más seguro, sostenible y hospitalario para todos los seres vivos. Encontrar el camino hacia la versión de tu vida más plena te libera para que puedas cumplir tu rol.

Le hemos dado tanta importancia a ser extraordinarios y famosos que nos resulta difícil reconocer nuestro valor. Cada uno de nosotros tiene la capacidad de ayudar, inspirar y luchar por un mundo mejor para todos. Algunos llegarán a un público más amplio; que así sea. Otros solo tendrán impacto en sus familias, o en algunos amigos clave, o en los animales. Todos somos legados. Podemos sentarnos a la mesa de los héroes.

Todas las personas, incluso tú.

Este es el máximo propósito de la exploración que se lleva a cabo en este libro. Sí, habrá autoconocimiento y autodesarrollo, y te sentirás mejor a diario. Pero quiero alentarte a que no te detengas ahí.

No hay roles pequeños o insignificantes en el juego de la vida. Eres la única persona que puede hacer su propia parte. Todos debemos apoyarnos entre nosotros para encontrar lo que en verdad debemos reconocer y celebrar en otros seres humanos y nosotros mismos. No me refiero a la cantidad de «me gusta» o seguidores en las redes sociales o cualquier otro indicador de la cantidad de atención pública que alguien recibe, sino el esfuerzo y la esencia únicas, poderosas y sagradas de cada ser humano.

Estoy segura de que todos coincidimos en que la verdadera sensación de mérito proviene de amar profundamente y ser amado, y de tener el apoyo, la seguridad y la protección suficientes para vivir una vida que tenga realmente virtud y sentido. Es imperativo, en esta época, que reconozcamos nuestra responsabilidad de brindárnoslo a nosotros mismos y también a los demás. Eso puede darse en pequeñas acciones cotidianas, en las interacciones que tenemos a diario...

Comienza por leer este libro con humildad y dedicación. A medida que aprendas y crezcas, empieza a observar la hermosa expresión de los elementos en los héroes no reconocidos que te rodean y que cumplen su pequeña parte a la perfección. Percibe la calidez del vendedor de fruta. Percibe la buena disposición del camarero en un restaurante. Percibe la alegría del repartidor. Percibe el aura amable de quienes se ganan la vida atendiendo el teléfono. Como dice mi amiga Jen Buffett, todos quieren «sentirse seguros, vistos y reconocidos».

¿Qué significa vivir en un universo animado, encantado, en el que estamos conectados por señales, signos y metáforas de la naturaleza? Quiere decir que, en lugar de considerar que lo que sucede está bajo nuestro control y el de nuestros egos y de intentar manifestar para nuestra propia conveniencia, nos reconocemos como integrantes de una sinfonía de manifestación, respaldada por un universo inteligente y sensible. Quiere decir que no estamos destinados a ser engranajes de una rueda, sino partículas de polvo de estrellas con muchísimas posibilidades.

La mayoría de nosotros estamos desconectados de la naturaleza, atrapados por las demandas digitales del mundo moderno, abrumados por una vida ocupada y acelerada. El antídoto al vacío, la ansiedad y la tristeza que provoca esa desconexión se encuentra en el equilibrio de los elementos. Allí es donde podemos florecer de verdad.

CAPÍTULO UNO

✦

El primer dominio:
La primera impresión

Recuerda el momento en que conociste a una persona importante para ti. Puede ser importante porque la quieres o porque te hizo daño de alguna manera.

Intenta volver al momento en que os conocisteis u os visteis por primera vez. ¿Qué viste? ¿Qué sentiste? ¿Qué percibiste en ese primer encuentro? Cuando llegasteis a conoceros bien, ¿cuántos atributos esenciales de esa persona habías captado en tu primera impresión?

La pregunta de quiénes somos cuando conocemos a alguien por primera vez —qué impresión le damos a esa persona cuando llegamos al lugar de encuentro, incluso antes de saludar— es el foco del primer dominio de la experiencia: el *personaje* o la *máscara*.

Todos llevamos máscaras. Cada persona tiene un personaje que aparece y se toma como primera impresión. Cada uno de nosotros tenemos una fachada que presentamos ante el mundo. No es algo hipócrita o falso. No es bueno ni malo. La máscara es una forma de filtrar el mundo, y el mundo nos filtra en esos primeros encuentros. Es una estrategia social que todos los seres humanos desarrollamos a una edad bastante temprana, y es una fuente real de nuestras fortalezas y dones.

Tu rol asignado

En nuestra familia de origen se nos asignan ciertos roles. Algunos de nosotros somos graciosos. Otros, responsables. Otros, superestrellas. Otros, sinceros, dispuestos a nombrar lo innombrable. Y otros son aquellos a quienes se ve, pero no se los oye. Cada uno de nosotros recordamos la tarea que se nos asignó a una temprana edad, y podemos sentir cómo se convirtió en una parte importante de nuestra identidad, de nuestro sentido de pertenencia y de nuestra forma de relacionarnos. Llevamos ese rol a lo largo de nuestra vida, que se transfiere a nuestro personaje o máscara que mostramos al mundo. En este primer dominio de la experiencia, que se corresponde con la Casa 1 en astrología, trabajamos con la afirmación «Yo soy».

Entonces, ¿qué impresión das *tú* al conocer a otra persona? ¿Eres como un elefante en un bazar? ¿Eres estridente y demandas atención? ¿Entras en silencio y dócilmente a tantear el terreno? ¿Siempre estás buscando maneras de ayudar a otros? ¿O intentas impresionar a la gente? A muchos de nosotros nos han enseñado a creer que una buena apariencia es suficiente, pero ¿es así realmente? ¿Eres una persona muy centrada? ¿O anuncias a los cuatro vientos que eres un bicho raro? Cada una de estas primeras impresiones está relacionada con el equilibrio de los elementos en tu composición esencial.

La primera impresión que damos es extremadamente significativa. Las investigaciones muestran que, alrededor del primer minuto de conocer a una persona en una entrevista de trabajo, una reunión o una cita, nuestro cerebro recopila millones de bits de información para clasificar a esa persona en alguna categoría relacionada con lo que te agrada y lo que te desagrada, para darnos la orden de acercarnos o alejarnos.

Una vez, una clienta me dijo que uno de sus mayores temores era ser juzgada al entrar en una habitación. Le dije: «Bueno, es un temor bastante fundado, porque todos nos juzgamos desde el primer minuto en que nos vemos». ¡No está mal! Para que nuestra especie sobreviva, cada uno de nosotros debemos desarrollar antenas para percibir quién está de nuestro lado, quién es peligroso, a quién debemos acercarnos con cuidado y delicadeza. Todos juzgamos al otro en todo momento, y esto es bueno, siempre y cuando podamos reconocerlo.

Pero ¿a quién crees que juzgamos? Así es, a nosotros mismos. Diría que se da en una proporción 80/20: el 80 por ciento de la atención de la mayoría de las personas se enfoca en qué impresión da y en su propio reflejo, mientras que el 20 por ciento restante se destina a cómo se presentan ante ellos otras personas. Cuando aceptemos que juzgar es un sistema de clasificación instintivo, no tendremos que intentar erradicarlo o avergonzarnos de nuestra mente crítica. La verdadera madurez se logra cuando entendemos que nuestros prejuicios sobre las personas son erróneos e injustos por naturaleza, y que debemos proceder con una curiosidad genuina y ganas de aprender algo totalmente diferente a lo que presupusimos de una persona. Ser conscientes de la existencia de los personajes y las máscaras nos da muchas oportunidades para cuestionar nuestros prejuicios y para entender mejor y perdonar los prejuicios de los demás.

Los siguientes inventarios están diseñados para ayudarte a evaluar el equilibrio de las energías elementales que conforman tu personaje y tu autopresentación predeterminados. Te darán una imagen más clara de la energía que proyectas al entrar en un sitio y te revelará algunas de tus propensiones y patrones. Probablemente te muestren cosas que nunca habías pensado, de modo que podrás ampliar tu repertorio. Te ayudará a evaluar del impacto que tienen esas energías al presentarte ante otros, y a potenciar energías más débiles para que puedas utilizar todas tus fortalezas a la hora de promocionar algunos de tus aspectos menos desarrollados.

Ejercicio: Juego de roles

¿Cuáles fueron los roles o atributos que se te asignaron en tu familia de origen? Marca todas las opciones que correspondan.

Fuego

- ☐ Payaso/a
- ☐ Chico/chica malo/a
- ☐ Atrevido/a
- ☐ Egoísta
- ☐ Atleta
- ☐ Independiente

- ☐ Creativo/a
- ☐ Animador/a
- ☐ Sincero/a
- ☐ Malhumorado/a
- ☐ Religioso/a
- ☐ Buscador/a

Tierra

- ☐ Chico/a bueno/a
- ☐ Ayudante
- ☐ Héroe/heroína
- ☐ Triunfador/a
- ☐ Autosuficiente

- ☐ Práctico/a
- ☐ Fracasado/a
- ☐ Materialista
- ☐ Cuidador/a

Aire

- ☐ Pacificador/a
- ☐ Rebelde
- ☐ Pensador/a
- ☐ Asustadizo/a
- ☐ Cabeza hueca
- ☐ Raro/a

- ☐ Parlanchín/parlanchina
- ☐ Mediador/a
- ☐ Extrovertido/a
- ☐ Amigable
- ☐ Brillante

Agua

- ☐ Chivo expiatorio
- ☐ Sensible
- ☐ Soñador/a
- ☐ Callado/a
- ☐ Perceptivo/a
- ☐ Reservado/a
- ☐ Paciente
- ☐ Adicto/a

- ☐ Codependiente
- ☐ Prudente
- ☐ Llorón/llorona
- ☐ Intenso/a
- ☐ Sexual
- ☐ Espiritual
- ☐ Loco/a

Después de completar este ejercicio, revisa en qué elementos has marcado más atributos/roles. Esto será un buen reflejo del personaje que encarnas y la máscara que llevas. En astrología, probablemente esté relacionado con el significado del signo de tu ascendente o cualquier planeta que tengas en tu Casa 1.

Juego de rol: Práctica

Siéntate a hablar con una persona de tu confianza sobre el rol que se te asignó inconscientemente en tu familia. ¿Cómo te hace sentir hoy? Si te apetece investigar sobre este tema por tu cuenta, puedes llevar un diario, escribir un poema o crear una obra de arte visual para reflexionar.

Ejercicio: Desenmascararse

¿Cuál es la primera impresión que tiene la gente al conocerte? ¿Qué adjetivos usarían para describirte? Marca todas las opciones que sean verdad. Luego, vuelve a leer las que no marcaste y elige las que te *gustaría* que fueran verdad.

Fuego

☐ Carismático/a	☐ Impetuoso/a
☐ Magnético/a	☐ Directo/a
☐ Valiente	☐ Intenso/a
☐ Entusiasta	☐ Extravagante
☐ Audaz	☐ Intimidante

Tierra

☐ Estable	☐ Obtuso/a
☐ Centrado/a	☐ Testarudo/a

☐ Tranquilo/a   ☐ Crítico/a

☐ Firme   ☐ Competitivo/a

☐ Constante

Aire

☐ Electrizante   ☐ Distraído/a

☐ Cautivador/a   ☐ Falso/a

☐ Fascinante   ☐ Impasible

☐ Inspirador/a   ☐ Distante

☐ Voluble   ☐ Locuaz

Agua

☐ Atractivo/a   ☐ Meloso/a

☐ Hipnótico/a   ☐ Débil

☐ Seductor/a   ☐ Llorón/llorona

☐ Reconfortante   ☐ Evasivo/a

☐ Amable   ☐ Engañoso/Engañosa

ILUMINACIONES

«Yo soy» es la frase clave de la Casa 1 en astrología. Los planetas en esta casa te presentan ante otros sin que debas hacer nada. Aunque no tengas planetas en tu Casa 1, tu ascendente presenta algo. Si conoces tu ascendente, podrás aprender sobre la versión *de ti* que ven primero las personas al buscar la afirmación que te corresponda en esta lista:

Aries: Yo soy valiente.

Tauro: Yo soy hermoso/a.

Géminis: Yo soy comunicador/a.

Cáncer: Yo soy cuidador/a.

Leo: Yo soy artista.

Virgo: Yo soy ayudante.

Libra: Yo soy armonizador/a.

Escorpio: Yo soy investigador/a.

Sagitario: Yo soy positivo/a.

Capricornio: Yo soy eficaz.

Acuario: Yo soy amigable.

Piscis: Yo soy sensible.

Tener planetas en la Casa 1 aumentará y dará color al impacto de la primera impresión. Por ejemplo, mi amiga tiene ascendente en Leo, pero ningún planeta en su Casa 1. Tiene muchas cualidades creativas, expresivas y tiernas de Leo, pero las habría expresado con más firmeza o en otras dimensiones si hubiese tenido planetas en la Casa 1. Y si bien yo soy una persona receptiva, abierta, optimista y un poco tonta, con un ascendente aventurero, extrovertido y festivo en Sagitario, tener Saturno y Marte en mi Casa 1 genera un patrón que intimida y asusta a las personas que todavía no me conocen. En algún momento, siempre termino disculpándome por eso.

Las palabras «yo soy» conllevan un gran poder. Practico el ejercicio de decir veinticinco afirmaciones que empiecen con «yo soy» al día, sobre mis atributos positivos: «yo soy amable», «yo soy cortés», etcétera. Y también digo veinte frases positivas sobre mi cuerpo: «yo soy hermosa», «yo soy siempre joven», «yo soy delicada», etcétera. Conocer los arquetipos que mi ascendente representa y los planetas en la Casa 1 de mi carta natal me ayuda a crear afirmaciones que suenan verdaderas, pero puedo hacerlo alrededor de cualquier atributo positivo que reconozca en mí misma. Si puedo identificarlo, quiere decir que lo tengo, y lo expando al nombrarlo.

¡Este ejercicio es poderoso! En treinta días, noté que mi magnetismo y mis poderes de manifestación repuntaron sorprendentemente. ¡Inténtalo!

....   ✦   ....

Desenmascararse: Prácticas

1. Muéstrale la lista de atributos anterior a una persona con la que tengas un vínculo estrecho. Pídele que te diga cuáles de esas características percibió en ti cuando os conocisteis. ¿Qué otros atributos puede ver ahora que te conoce bien?

2. Vuelve a repasar la lista por segunda vez. ¿Qué atributos, roles o personajes que no hayas marcado te gustaría probar? ¿Qué otros roles quieres incorporar a tu identidad? Sobre todo, ten en cuenta los elementos en los que has marcado menos roles. ¿Qué puedes hacer para integrarlos a tu personaje o presentación? Háblalo, escríbelo o crea algo basándote en esas aspiraciones.

Dar impresiones

Cuando mi hija era joven, solía decir que la gente le tenía miedo. Su ascendente (el signo que rige la Casa 1 o el primer dominio de la experiencia) es Escorpio, un signo de agua, que tiende a ser furtivo, reservado, cauteloso y desconfiado.

Al trabajar en su crecimiento personal en relación con esa percepción de que la gente le tenía miedo, descubrió que su energía comunicaba cosas como: «No confío en ti. No quiero acercarme. Me pareces sospechoso», lo que hacía que las personas dudaran y se acercaran a ella con precaución. Pero cuando descubrió que podía utilizar los elementos del fuego y el aire de su carta, empezó a atenuar la sospecha y la desconfianza con mucha alegría, energía (fuego) y curiosidad (aire) al conocer a otras personas.

Al evolucionar en su vida, se convirtió en instructora de yoga, oradora y actriz muy talentosa. A partir de ahí, comprendió que podía usar la intensidad del agua junto con un sentido de la creatividad alegre y sincera, para conectar de verdad con las personas. Y ahora, es una profesora muy querida, que puede utilizar su experiencia personal con la timidez y la duda para ayudar a otros a aliviar sus preocupaciones con respecto a conocer a otras personas.

Una colega mía tiene mucha tierra en su carta, pero el fuego rige su dominio o Casa 1. Con ascendente en Leo, tenía el rol de traer alegría y una chispa de creatividad a su familia de origen, pero también fue criada para ser muy responsable y obediente. Siempre tenía la sensación de que debía aportar alegría y euforia, pero se lo impedía lo que Brené Brown llama «temor a la dicha»: la sensación de que no debemos dejarnos llevar por la alegría descontrolada. No deberíamos *perder el control* porque podríamos cometer errores que perjudicarían a otras personas o nos avergonzarían. Por lo tanto, esa chispa amorosa, abundante, creativa y alegre que tiene en su primer dominio no se estaba manifestando. Salvo cuando actuaba (y, de hecho, se convirtió en actriz, su expresión más importante del ascendente en Leo), era reservada y retraída.

Mi amiga empezó a trabajar en llevar la exquisita, desinhibida y espontánea expresión gestual y facial del fuego a su vida cotidiana y sus relaciones. Se volvió más animada y consiguió ser capaz de reflejar muy bien a otras personas a través de una lente de alegría vivaz, juguetona y enérgica. En efecto, todas sus relaciones se volvieron más intensas y vivaces, lo que la llevó a hacer un trabajo más profundo sobre sus sentimientos de que sus padres no la valoraban ni la aceptaban porque no podían manejar las dimensiones reales de su fuego.

Una amiga mía tiene ascendente en Capricornio. El rol que le asignó su familia fue el de tener un aspecto respetable, aparentar que sabe lo que sucede, ser confiable y puntual, y tener autoridad. El mensaje que recibió es que no puede cometer ningún error y que debe estar bajo control en cualquier situación. Eso provocó que mi amiga sufriera una gran angustia en contextos sociales y grupales porque llevaba en su interior el mensaje de que no podía relajarse por completo y ser ella misma. Al trabajar en esa obediencia diligente de su ascendente en un signo de tierra, entendió que podía convertirse en su mejor fuente de autoridad y autoaprobación. Pudo apaciguar la resistencia de los demás al sentirse bien consigo misma. Empezó a confiar en que su ser espontáneo y genuino era la mejor fuente de autenticidad y confianza social. Como todos experimentamos algún tipo de inseguridad en reuniones sociales o contextos laborales, entendió que con solo mostrarse de esa manera podía ayudar a otros a sentirse respetados y cómodos.

Otra de mis amistades tiene ascendente en Géminis, un signo de aire. Las personas con un ascendente de aire son muy buenas dialogando, sacando ideas de la nada y manteniendo conversaciones triviales. Son capaces de charlar sobre una gran variedad de temas. Sienten mucha curiosidad, pero no todos conocen las bondades de ser breve, y a veces dan la impresión de ser un poco sabelotodos o maleducados por interrumpir a los demás con frecuencia. Esta persona empezó e investigar en profundidad, a escuchar más que hablar, y a decir las cosas con mayor concisión. Tuvo que usar el elemento tierra para reducir esas conversaciones abstractas, altaneras y elevadas en fragmentos prácticos y fáciles de escuchar. Al empezar a acotar las cosas y traer los conceptos a un plano más terrenal, notó que la gente estaba más dispuesta a compartir tiempo con ella. Inconscientemente, había dominado las conversaciones con un montón de ideas, pero con poca conexión. Hoy en día es capaz de mantener conversaciones significativas en las que todas las partes involucradas sienten conexión y satisfacción.

Una de mis amigas tiene ascendente en Escorpio. Al primer minuto de encontrarme con ella, ya sé si en el rato que pasaremos juntas tendremos una conversación auténtica y muy motivadora o si ahondaremos en un sufrimiento oscuro y sangriento. Otra de mis amigas tiene ascendente en Acuario, y sé que siempre será amigable y un poco excéntrica. Pero, en el primer minuto, puedo adivinar si está en un modo difuso y expansivo, propio del aire de Acuario, o si está más enfocada en una causa en particular.

Confianza versus conformidad

Muchos de mis clientes expresan el deseo de tener más confianza al entrar a un lugar. Tienen mucho miedo de que la primera impresión que den sea inadecuada o inaceptable. Las personas quieren sentirse más seguras con su propio estilo social. Entonces, ¿qué es la confianza? Es la seguridad y la aceptación en uno mismo que implica que estamos conformes con quienes somos, por dentro y por fuera. Es lo opuesto a buscar aprobación y evaluar cada paso según los valores y opiniones de otras personas.

A muchos de nosotros, lo que nos impide sentir confianza es el miedo a que nos juzguen mal o nos rechacen. Como dije al principio de este capítulo, el miedo a ser juzgados se basa en el hecho de que *todos juzgamos a los demás en todo momento*. Juzgamos a otros y a nosotros mismos. En realidad, para eso está diseñado nuestro cerebro: el tuyo, el mío y el de la persona que te preocupa que esté pensando algo negativo sobre ti. Sabiendo esto, podemos empezar a impedir que el miedo a la crítica nos dicte cómo presentarnos.

Otro aspecto del desafío es que una parte protectora del cerebro (que es reactiva y emocional y se llama *amígdala*) es muy sensible a la posibilidad de ser rechazados por otros. Históricamente, se ha impuesto el conformismo con consecuencias realmente peligrosas y perjudiciales, como con la expulsión o castigos severos por tener creencias o comportamientos que no encajan con las expectativas de la cultura dominante (y continúa siendo peligroso para la integridad física de las personas en algunas partes del mundo, o para aquellos que forman parte de un grupo que sufre opresión y agresión). Esa parte protectora puede hacer que recurramos al conformismo de manera inconsciente para protegernos del dolor del rechazo.

Si tienes el privilegio de saber que las opiniones de los demás no son una amenaza para tu bienestar físico y mental, podrás trabajar en percibir cuándo te comportas como los demás creen que deberías hacerlo en lugar de traer tu magnetismo verdadero al espacio en el que te encuentras. Presta atención si estás actuando con el corazón o desde la amígdala. A medida que aprendas a discernir cuándo actúas desde el amor o desde el miedo, puedes empezar a enfocarte en la manera en que *quieres* repercutir e interactuar con los demás.

El siguiente nivel de confianza está relacionado con decidir cómo quieres hacer que se sientan los demás. Una vez que te hayas liberado del miedo al juicio, puedes considerar lo siguiente: *¿qué impacto quiero tener en los demás?*

Cuando entramos en una sala, preguntándonos qué estarán pensando de nosotros, perdemos o se diluye nuestro magnetismo. No es difícil crear buenos momentos para los *demás* en cada interacción, siempre y cuando nos enfoquemos en obtener lo mejor de ellos, en lugar de hacer contorsiones para convertirnos en lo que nosotros pensamos que ellos quieren que seamos.

El primer paso para lograr mayor confianza es reconocer tu estilo social innato, que se refleja por el elemento de tu ascendente o los elementos más prominentes de tu ejercicio del juego de roles. Al conocer el estilo al que sueles recurrir —por ejemplo, si tienes un ascendente de agua (Cáncer, Piscis o Escorpio), es posible que tengas cierta timidez cuando conoces a alguien—, puedes comenzar por proponerte incluir otras energías o reemplazar la timidez.

Para continuar con el ejemplo, si reconoces y aceptas ese personaje o máscara que es natural para ti, puedes empezar a considerar otros atributos que te gustaría expresar más al causar una primera impresión. Quizás puedas intentar transmitir calma y apoyo, que hace que otros se sientan a salvo social y emocionalmente. Mantener esa intención te ayudará a depositar toda esa energía nerviosa en hacer que otros estén más relajados y se sientan escuchados.

¡Tú puedes!

A partir de ahora...

Si somos conscientes del impacto que tenemos en el otro desde el momento en que entramos en un lugar, podemos dedicar unos minutos a trabajar en nosotros antes de encontrarnos con alguien. Cuando preparas el marco para que brille lo mejor de ti, por supuesto que realzará el lugar en el que entres.

Empieza por tomarte un momento antes de encontrarte con otras personas, respira profundamente y decide cómo quieres presentarte. Recuerda: la gente te toma una foto instantánea en los primeros sesenta segundos del encuentro, incluso si te conocen bien. ¿Cómo quieres que te vean? Piensa en esto de antemano. Presta atención a la diferencia que hace.

> La recompensa por el conformismo es que a todos les gustas menos a ti mismo.
>
> —Rita Mae Brown (tenía Sol y Marte en oposición al independiente Urano)

Con tu consciencia expandida sobre la primera impresión que sueles dar, piensa en qué se diferencia de lo que tú consideras «tu verdadero ser». Puede que empieces a ayudar a otros a ver ese ser real con más rapidez y claridad al completar estas frases: «Cuando me conocen, las personas suelen pensar que yo _____. Cuando ya me conocen mejor, ven mi lado _____. Si decido mostrarles que soy _____, _____ y _____, las personas llegan a conocer mi verdadero ser más rápido». (¡Hay puntos extra si incluyes atributos de los elementos que compensen el que rige a tu ascendente!).

Recuerda: ¡no eres solamente la máscara que llevas! Tu personaje es el rostro que muestras al mundo, y de ninguna manera transmite quién eres y quién podrías ser en profundidad. Por eso podemos descubrir nuevas formas de presentarnos —nuevas máscaras que llevar— y experimentar con nuestros personajes con la misma seriedad y diversión que al jugar a interpretar personajes cuando éramos niños.

CAPÍTULO DOS

✦

El segundo dominio:
Tus valores centrales y tu riqueza

El segundo dominio se trata de *lo que tienes* y cuánta confianza sientes en tu capacidad para conservarlo y desarrollarlo. Parte de lo que tenemos es material: casas, coches, libros, obras de arte, indumentaria, dispositivos. Otra parte es intangible: la autoestima, la relación con nosotros mismos y con los demás, la belleza, las prácticas, las vocaciones, las vacaciones...

Para vivir este dominio al máximo, necesitamos conocer nuestra riqueza. El primer paso es tener en claro cuánto valemos. Cuando te tomas el tiempo y haces el esfuerzo para identificar tus valores centrales, puedes crear deliberadamente una vida que los satisfaga, y eso incluye las cosas materiales e inmateriales que te traen placer y alegría. Cuando te aferras a tus valores, sin importar cuánta sea la tentación de alejarte de ellos, sabrás qué adquirir, qué conservar y qué dejar ir, y así desarrollarás un sentido de la autoestima muy sólido.

La adquisición y el consumo son placeres momentáneos que, con mucha frecuencia, nos llevan a querer algo que todavía no tenemos. Una vez satisfechas las necesidades como la vivienda, la comida y la salud, no hay ninguna correlación entre más cosas y más felicidad. El trabajo de este dominio (y de la Casa 2 astrológica) es apreciar lo que tenemos, conservar nuestra valiosa energía y no extralimitarnos energética o económicamente.

Nuestra cultura está obsesionada con el crecimiento y la expansión ilimitados, al punto de consumir nuestros recursos y agotar nuestro sistema suprarrenal. El ego humano quiere más y más, sin importar lo que ya tenemos. Sin embargo, a nivel espiritual, *tener* más y más puede ser una gran distracción de lo que nos trae más significado, placer y alegría. Al ejercer la astrología, he trabajado con muchos multimillonarios. A través de la organización sin fines de lucro que cofundé, he trabajado con cientos de personas que se encuentran del otro lado del espectro socioeconómico. Puedo afirmar con seguridad que no hay ninguna diferencia entre tener y no tener cuando se trata de la autoestima, que casualmente es el tema más profundo de este segundo dominio.

No estoy aquí para convencerte de que no compres cosas que te hacen feliz, pero quiero hacer la distinción entre la alegría que viene de adquirir algo y la alegría de vivir según nuestros valores más importantes. Esos tipos de alegría no son incompatibles, pero el segundo requiere un trabajo más profundo. Lo que poseemos importa más cuando refleja los valores que sostenemos.

Las personas más conformistas que conozco son las que entienden que sus bienes más importantes son sus conexiones íntimas y auténticas con otros. Espiritualmente hablando, quiénes somos en verdad no tiene nada que ver con el dinero que tenemos en el banco, la belleza o las pertenencias. Está íntegramente relacionado con el amor real que recibimos y lo plenas que son nuestras conexiones íntimas y estables. Cuando la vida se termina, nadie se jacta de cuánto dinero ganó, cuántos coches tanía en el garaje ni lo bonito que se veía su cuerpo. En su mayoría, las personas piensan en cuánto amor dieron y recibieron.

⋯⋯⋯⋯⋯⋯⋯ ✦ ⋯⋯⋯⋯⋯⋯⋯

ILUMINACIONES

«Yo tengo» es la frase clave de este segundo dominio, que representa a la Casa 2 en astrología. Tradicionalmente, esta casa estuvo relacionada con el dinero y las posesiones, y se han utilizado los signos vinculados a los planetas que se encuentran en esta casa (o el signo que rige a esta casa si tu carta natal no tiene planetas allí) para explorar las posibilidades y los problemas que podríamos experimentar en nuestra vida material. Es verdad que los planetas que tienes en la Casa 2 y sus vínculos con otros planetas de tu carta natal (llamados *aspectos*; ver página 215 del Anexo 1) mostrarán cómo lidias con los asuntos de dinero y pertenencias, que a veces son complicados, y te darán una perspectiva más amplia con más información sobre cómo puedes aplicar tus valores para que atraigan las cosas y el dinero que deseas.

El signo que veas en la cúspide de la Casa 2 puede aportar información sobre los asuntos relacionados con tu valor en los que debes trabajar. Por ejemplo: si tienes a Capricornio en la cúspide de la Casa 2, tendrás que trabajar en tu necesidad de impresionar a los demás y de ganarte su aprobación constantemente para tener la sensación momentánea de que vales. Si reconoces que eres así por defecto y notas en qué aspectos estás dependiendo demasiado de recibir felicitaciones de fuera por tu buen trabajo, puedes aprender a reconocer tu propia excelencia y éxito en lo bien que cumples y actúas según tus valores centrales.

Los planetas en la Casa 2 arrojan información sobre las cosas a las que más te aferras y las maneras en que puedes atraer recursos en tu vida. Si tienes a Mercurio en tu Casa 2, eso indica que la mente y la comunicación son muy importantes para ti, y que puedes hacer fluir tus recursos mediante una redacción y oratoria excelentes.

Sean cuales sean los recursos que tienes, son la base para atraer otros recursos. Venus en la Casa 2, por ejemplo, indica que tu amor y tu belleza son los recursos que te ayudan a atraer otras cosas, como redes y contactos. También te pueden ayudar a encontrar una buena pareja.

Ejercicio: Tu cofre del tesoro

Echa un vistazo a estas listas y encuentra los cinco valores más importantes para ti hoy en día. Elige los que no pueden faltar en tu vida, pero sabiendo que los demás también son importantes, y márcalos. Luego, traza una línea sobre los tres valores que te parecen *menos* importantes.

Fuego

☐ Aventura   ☐ Creatividad
☐ Sinceridad   ☐ Espontaneidad
☐ Innovación   ☐ Vitalidad
☐ Cambio   ☐ Coraje
☐ Pasión

Tierra

☐ Integridad   ☐ Practicidad
☐ Estabilidad   ☐ Lealtad
☐ Calma   ☐ Tiempo en la naturaleza
☐ Confiabilidad   ☐ Presencia
☐ Seguridad   ☐ Compromiso

Aire

☐ Vivacidad   ☐ Astucia
☐ Comunicación   ☐ Humor
☐ Libertad   ☐ Aprendizaje
☐ Inteligencia   ☐ Comunidad
☐ Inspiración

Agua

☐ Empatía   ☐ Amabilidad
☐ Conexión   ☐ Espiritualidad

☐ Comprensión   ☐ Sensibilidad

☐ Amor   ☐ Vulnerabilidad

☐ Apoyo   ☐ Profundidad

TU COFRE DEL TESORO: PRÁCTICAS

1. Evalúate del 1 al 10: ¿con qué constancia respetas los cinco valores que has elegido? ¿Qué y quién te ayuda a mantener tu compromiso con ellos? ¿Quién y qué contribuye a sabotear tus valores? Conversa, escribe o haz arte basándote en estas preguntas.

2. Mira los tres valores que te han parecido menos importantes. A esos los llamamos *valores sombra*. En términos psicológicos, tienen un gran potencial porque no reconocemos su importancia. Cuanto más trabajemos para respetar esos valores menos reconocidos, más completos seremos. Conversa, escribe o haz arte sobre cómo puedes respetar más esos valores en tu vida.

Ejercicio: Tus fortalezas y recursos

Tanto si tienes problemas por no tener suficiente como por tener demasiado, uno de los ejercicios más importantes de este libro se enfoca en analizar lo que realmente *tienes* y cómo puedes sacarle el máximo provecho. Eso incluye los recursos materiales, espirituales y físicos.

Revisa estas listas relacionadas con las fortalezas de los cuatro elementos y marca las que ya posees. En una segunda revisión, subraya todos los recursos que te gustaría tener en un futuro.

Fuego

Fortalezas/Recursos

Deportes	Afecto constante
Autodeterminación	Hábito de jugar y recrear
Imagen corporal positiva	Buena relación con los niños
Confianza	Grandes amistades
Hablar en público	Participación en grupos
Buena postura	Activismo comunitario
Niños	Afiliaciones comunitarias enriquecedoras
Talentos creativos	Autenticidad personal
Esparcimiento creativo	Viajes al exterior

 Tierra

Fortalezas/Recursos

Dinero	Terapeutas
Obtención de poder	Prácticas religiosas
Recursos	Buena hidratación y alimentación
Colecciones valiosas	Acceso a la atención médica
Voz hermosa para cantar o hablar	Poder personal
Salud	Ahorros para la jubilación
Prácticas contemplativas	Reputación personal robusta
Mentores	Reputación profesional robusta
Sanadores	Mucha disciplina
Carrera satisfactoria	Legado establecido
Puntualidad	Parcela de sepultura
Mascotas	

 Aire

Fortalezas/Recursos

Redes	Compañero/a

Contactos

Habilidades comunicativas

Transporte

Buena memoria

Capacidad de aprender cosas
    nuevas

Salud

Prácticas contemplativas

Lectura

Escritura

Aire limpio

Teléfono/Internet

Hermanos unidos

Magnetismo

Rodeado/a de belleza

Excelente estilo

Igualdad social

Vestuario

Idiomas

Casas en el extranjero

Viajes internacionales

Sistema organizado de creencias

Parcela de sepultura

Acceso a educación superior

Maestro/a religioso/a o espiritual

 ## Agua

Fortalezas/Recursos

Fortalezas/Recursos

Hogar

Bienes raíces

Familia unida

Padres vivos

Sabiduría ancestral

Alimentos saludables

Barrio seguro

Aprecio por la música

Habilidades musicales

Habilidades psíquicas

Empatía

Comunidad espiritual

Vida sexual saludable

Herencia

Dinero ahorrado

Sinceridad emocional e intimidad

Capacidad para interpretar sueños

Fe

Agua limpia

Tiempo de reflexión

Privacidad

Sueño lúcido

TUS FORTALEZAS Y RECURSOS: PRÁCTICAS

1. Escribe o conversa con un ser querido sobre los recursos y las fortalezas que has identificado. ¿De qué manera se expresan en tu vida? ¿En qué elemento eres más fuerte y tienes más recursos hoy?

2. Escribe o conversa con un ser querido sobre qué recursos y fortalezas te gustaría desarrollar. Enfócate en los elementos en los que has marcado menos opciones. ¿Qué puedes hacer para expresarlas con más firmeza? ¿Cómo te ayudará a aumentar tu alegría y satisfacción?

Si bien desde el principio de este capítulo he hecho mucho hincapié en que el segundo dominio no se trata *exclusivamente* del dinero, la verdad es que *también* abarca el dinero. Para tener un éxito financiero arrasador en el segundo dominio, necesitas los cuatro elementos:

Fuego: para ganar dinero y acumular recursos se necesita iniciativa, voluntad y audacia.

Tierra: para gestionar los recursos inteligentemente debes vivir según tus medios y cuidar minuciosamente tus cosas, sin importar cuánto tengas. La manifestación (ver abajo) está muy relacionada con el esfuerzo y la determinación. Las personas reacias a trabajar —muchas veces, aquellas cuya naturaleza está dotada de mucho aire y agua, pero tienen poca tierra o fuego— deberán reforzar esos elementos para cumplir sus sueños.

Aire: para ganar lo que mereces y crear una vida abundante, necesitas una mentalidad emprendedora, colmada de gratitud hacia todos aquellos que te ayuden a llegar a donde quieres. Debes creer para poder lograrlo. Debes crear y acceder a contactos y redes para cumplir tus objetivos financieros.

Agua: para alcanzar tu potencial, debes tener una conexión emocional con otros y sentir el mismo entusiasmo por el éxito de ellos que por el tuyo. Jamás he conocido a una persona con mucha riqueza que se sienta igual de rica en su interior sin tener relaciones cercanas de verdad, que es el nivel más alto del valor. Sentir una cercanía genuina con otras personas nos lleva a sentirnos parte de su éxito, y eso beneficia a más personas... y a nosotros mismos.

ILUMINACIONES

Si sabes qué signo astrológico se encuentra en la cúspide de tu Casa 2, puedes aprovechar su sabiduría para crear recursos y valor perdurable.

🔥 SIGNO DE FUEGO

Aries: Sé audaz y emprendedor/a, a la vez que amable y diplomático/a.

Leo: Utiliza tu exceso de carisma y creatividad para conseguir lo que quieres, y demuestra mucho aprecio a quienes te ayuden en el camino.

Sagitario: Aprovecha tu espíritu positivo, libre y amoroso para hacer adquisiciones, lograr seguridad y vivir aventuras.

💎 SIGNO DE TIERRA

Tauro: Sé generoso/a, ¡y también acaparador/a! Enfócate en valorar todos y cada uno de tus éxitos con humildad.

Virgo: Utiliza la naturaleza analítica de tu mentalidad y tu tendencia al servicio para encontrar recursos perdurables que ayuden a otros.

Capricornio: Ejercita tu practicidad excepcional para atraer riquezas e influencia. Recuerda utilizar esas herramientas para nutrirte a ti y a los demás.

🌬 SIGNO DE AIRE

Géminis: Utiliza tus excelentes habilidades comunicativas para obtener ingresos significativos y ayudarte a conectar con redes de personas que puedan levantarte el ánimo y tu sentido del propósito.

Libra: Emplea la diplomacia y tu talento para la belleza con el fin de promover tus habilidades para atraer riquezas, tanto económicas como sociales.

Acuario: Activa el amor por la comunidad, que es tu recurso más importante. Aprovecha la fuente inagotable de diversidad que hay dentro de las organizaciones y amistades en tu vida, y encontrarás una mayor disponibilidad de recursos y afecto para ti.

SIGNO DE AGUA

Cáncer: Cuida de otros y de tus recursos de manera que eso alimente tu cuenta bancaria. Aplicar tu inteligencia emocional es clave para crear la seguridad que deseas.

Escorpio: Utiliza tu mentalidad investigadora y quirúrgica para descubrir en qué puedes hacer grandes inversiones. Recuerda no lastimar a nadie, y a ti tampoco, mientras aumentas tus reservas.

Piscis: Potencia tu habilidad para soñar a lo grande y tener visiones, y aprovecha tu carisma para conseguir grandes sumas de dinero. Asegúrate de no perderte en el sueño. Encuentra a otros que puedan ayudarte a definir los detalles y a trabajar de manera práctica.

Maestría en el segundo dominio: Manifestación

Cuando estamos alineados con nuestros valores centrales, identificamos nuestros deseos y trabajamos conscientemente para equilibrar los elementos en este dominio, se genera una fuerza magnética de creación. Esa es la clave de la manifestación.

Estos son los siete pasos para manifestar lo que deseas:

1. Identifica tus valores centrales: por ejemplo, el amor, la sinceridad o la alegría.
2. Anuncia el nuevo recurso que deseas: por ejemplo, un nuevo amigo cercano (una fuente emocional poderosa) o un nuevo lugar para vivir.
3. Vive con amor, sinceridad y alegría mientras te esfuerzas por encontrar un nuevo amigo cercano o un hogar nuevo.
4. Busca ayuda en tu tribu sagrada y pídele que te ayude a mantener tus valores y tus esfuerzos.
5. Todos los días, agradece su ayuda a la divinidad.
6. Todos los días, expresa tu gratitud por cada paso que des para cumplir tu deseo de conseguir ese recurso nuevo.
7. Cuando hayas logrado el resultado esperado —por ejemplo, un amigo o un apartamento nuevo—, agradécete a ti mismo y a los demás también. Devuelve la buena energía al ayudar a otros a lograr sus deseos.

Esta fórmula funciona siempre y cuando hagas un esfuerzo constante. No te obsesiones con cuánto tiempo te llevará que tu deseo se cumpla. Si lo deseas de verdad y haces un esfuerzo constante, todo te llegará o dejará de ser relevante con el tiempo. Algunas de las cosas que yo quería hace unos años, ahora me resultan muy vacías y absurdas. La desesperación es una señal de que estás intentando llenar un vacío. Los pozos atraen tierra, no oro.

¿Qué quieres manifestar? Avanza paso a paso en las prácticas descritas en la sección anterior. Profundiza e identifica los tres valores a partir de los cuales quieres hacer que algo se vuelva realidad. Anuncia lo que quieres crear. Permite que los elementos te impulsen en el camino, tomándote el tiempo para estar presente en cada uno: siente el fuego de la actualización, las cualidades pragmáticas, firmes y logísticas de la tierra, los poderes comunicativos y visionarios del aire, y las emociones que sentirás —el elemento del agua— una vez que hayas logrado que tu visión se vuelva realidad.

Te contaré una historia real que me sucedió con la manifestación. Mi pareja y yo vimos un documental increíble llamado *El dilema de las redes sociales*, producido por unos amigos. Trata sobre el daño terrible que causan las redes sociales y la adicción a las pantallas a la sociedad. La película es muy alarmante. Sentí una gran desesperanza después de verla, pero, en lugar de ahogarme en ese sentimiento, decidí tomarlo como un estímulo para llamar a la acción social.

Tres de mis valores centrales son el amor, la comunidad y la naturaleza. Guiada por esos valores, se me ocurrió la idea de organizar un evento comunitario sobre el amor en un lugar en la naturaleza: un programa de desintoxicación digital en Santa Bárbara, donde vivimos. Adolescentes y adultos podrían pasar varios días sin usar dispositivos en un hermoso entorno natural, participar en diversas actividades creativas, activas, conscientes y de conexión. La clave para que una gran idea se vuelva realidad es conseguir apoyo y aliento. Por eso decidí proponer mi idea a mis colegas de AHA!, la organización sin fines de lucro donde trabajo, y se sumaron a la iniciativa con entusiasmo.

El paso siguiente fue resolver dónde hacer el evento que duraría cinco días, y también determinar cómo podíamos financiar un proyecto tan grande. Todas las mañanas escribía a mis ángeles y guías divinos y les pedía orientación y ayuda. Seguía visualizando el evento y sintiendo cómo sería llevarlo a cabo. Mientras tanto, mi pareja y yo buscamos lugares que fueran adecuados. Decidimos visitar El Capitan Canyon, porque quedaba bastante cerca y ofrecía cabañas en la naturaleza. Después de hacer una visita increíble, dejé un depósito, con la confianza de que conseguiría los fondos para que la juventud con pocos recursos pudiera acceder a un precio más bajo. Luego, di un paso osado y feliz y les pregunté a mis conocidos si estarían interesados en patrocinar este tipo de evento.

Esta parte siempre da miedo. Preguntar nos hace sentir vulnerables. En las décadas que llevo preguntando, he aprendido que hacer buenas preguntas significa aceptar la respuesta que recibas, ya sea un sí o un no. En mi vida he escuchado muchos más no que sí. Eso nunca me ha detenido, porque he descubierto que un solo sí entre miles de no es todo lo que se necesita para manifestar un sueño importante y hacerlo realidad. Y eso es lo que sucedió en este caso: una persona aportó lo suficiente para las becas necesarias.

Ten en cuenta que todo esto sucedió durante el brote de CO-VID-19 del invierno del 2021, cuando por momentos parecía que las actividades grupales no volverían a realizarse nunca más. Bendije a la divinidad y agradecí a los ángeles y los amigos muchas veces por compartir esta visión, incluso cuando estábamos haciendo todo lo posible para cuidarnos e impedir la propagación del COVID-19. Todos los días sentía gratitud por cada nueva afirmación de este proyecto, y la comunicaba en voz alta a mi pareja y mis amigos. Mi visión de la desintoxicación digital era una luz brillante al final del largo y oscuro túnel de la pandemia, pero no tenía idea de cuán largo sería ese túnel cuando elegí las fechas y pagué el depósito. En abril de 2021 ya estábamos a salvo del COVID-19 y pudimos abrir las inscripciones al programa Digital Cleanse de AHA!

Nunca perdí la fe durante el proceso, y siempre cedí el control en lo relacionado con los tiempos y los resultados. Me aferré a mis valores de amor, comunidad y naturaleza a diario, mientras hacía todo lo humanamente posible para traer esa visión a la realidad. Mis valores me llevaron a tener una visión creativa, que luego —con un gran apoyo de mi tribu sagrada, mi perseverancia inquebrantable y la gracia divina— se volvió realidad.

A partir de ahora...

Cada mañana, antes de empezar tu día, declara tu intención de vivir según tus valores más preciados. Toma medidas activas y consigue apoyo de tus seres queridos más cercanos. Cuando debas asumir riesgos para hacer que la pelota avance, pídele a tu gente que te ayude a intuir si ese riesgo vale la pena. Debes saber que, a veces, el resultado de un paso arriesgado es imposible de prever, y todo se reduce a tener una confianza ciega. El universo valora ese salto al vacío cuando te elevas del precipicio con la claridad de tu visión y tus valores. En mi experiencia, el universo tiende a facilitarnos un aterrizaje suave y agradable cuando sabe que somos fieles a nosotros mismos y los dones que queremos aportar al mundo. Cada vez que se produzca una manifestación, da las gracias a la divinidad por su apoyo. Observa cómo surge la magia.

CAPÍTULO TRES

✦

El tercer dominio: Cómo hablas y escuchas

En este capítulo nos centraremos en la comunicación. ¿Cómo hablas? ¿Cómo escuchas? Las personas más influyentes y autorrealizadas que conozco son muy buenas en ambas cosas. No importa qué signo esté en la cúspide de tu Casa 3, o en qué signo esté Mercurio, puedes aprender a comunicarte usando los cuatro elementos. De hecho, los mejores comunicadores que conozco pueden reflejar los cuatro elementos cuando escuchan a otros y ajustar su discurso al elemento necesario.

Siempre nos estamos comunicando —tanto de forma verbal como no verbal— y, con frecuencia, no sabemos exactamente cómo nos reciben los demás. Son demasiadas las veces que esperamos que la gente nos entienda sin intentar comprender cómo procesan la comunicación y cómo descifran mejor los mensajes que se les envían. No tenemos los mismos estilos de expresión. Para ser buenos interlocutores, debemos trabajar en ampliar nuestro estilo para ajustarnos al de los demás, en lugar de esperar que cada persona entienda y se amolde al nuestro.

ILUMINACIONES

Estos son algunos consejos básicos según el signo que rige tu Casa 3:

Aries: ¡Despacio! Hablar no es una competencia ni un deporte. Usa tu brío para ser amable y protector/a.

Tauro: ¡Apresúrate! Una cosa es tomarte tu tiempo para ir al grano, pero otra es mantener a la gente despierta. Usa tu enfoque sensual de la comunicación para lograr claridad y concisión.

Géminis: Habla de un tema a la vez. Haz pausas para ver si los demás te siguen. En lugar de monologar, haz preguntas interesantes.

Cáncer: Usa tu capacidad de respuesta emocional para apelar a las fortalezas de las personas en lugar de consentirlas o mimarlas.

Leo: Haz que tus discursos sean emotivos y afectuosos... pero también deja lugar para que los demás brillen y destaquen. Sí, todo gira en torno a *ti*, pero también en torno a *ellos*.

Virgo: Eres excelente para comunicar los detalles. No te dejes llevar por los pequeños fragmentos o pizcas de datos.

Libra: Usa tus exquisitas habilidades diplomáticas para dar voz a los demás, pero no olvides que tu opinión también es importante.

Escorpio: Podrás excavar cualquier superficie con tus preguntas inquisidoras y tu escucha activa. Resiste la tentación de usar tus habilidades comunicativas de alta precisión para echar la culpa o avergonzar a otros.

Sagitario: Tu alegría y franqueza son tus superpoderes. Pero recuerda que la brusquedad no es una buena estrategia.

Capricornio: Eres excelente para llegar a la conclusión y no exagerar. No te olvides de mostrar amabilidad cuando la gente necesita inventar una historia.

Acuario: Tu visión aérea de las cosas ayuda a unir las piezas. No estés «tan arriba», donde la gente no puede alcanzarte.

Piscis: Tu empatía es increíble y tu sensibilidad es muy necesaria. Recuerda que comunicar con victimismo y autocompasión no es tu mejor jugada.

Como astróloga, veo que las personas no se entienden muchas veces en el momento de expresarse. Por ejemplo: Nisha habla en círculos y contando historias. Le gusta nadar en frases de relleno y pausas, y disfruta las reflexiones apasionadas del flujo de la consciencia. Su marido, Jack, hace declaraciones. Jack quiere conversaciones concretas. Nisha quiere charlar sentados al lado de una fogata. Cuando trabajan juntos en algo, Jack se irrita por las oraciones con tantos rodeos de su esposa, y Nisha se siente ignorada y juzgada por la necesidad de Jack de ir al grano.

A Randall le gusta hablar de ideas y visiones. Es el que transmite su elemento aire escribiendo mensajes en el cielo, tiene una visión de todo el panorama y puede hablar con entusiasmo sobre castillos en el aire por un largo rato. A su pareja, Tim, le gusta ir al fondo del asunto. Quiere averiguar cómo se *sentirán* las cosas y sopesar las conexiones entre las personas (cómo se sentirán cuando trabajen juntas). Randall termina sintiéndose invalidado y Tim, menospreciado y tildado de hipersensible.

En la dinámica de ambas relaciones, los participantes se inclinan por juzgar en vez de escuchar. Probablemente, la curiosidad sea la herramienta más importante en la comunicación. La curiosidad genuina siempre coexiste con la apertura y, si soy una persona abierta, puedo ver las cosas desde otro lado. Rumi escribió: «Más allá de las ideas del bien y del mal, hay un lugar. Nos vemos allí».

En todos los grupos que he dirigido, las personas han expresado el deseo de ser escuchadas sin juzgar. Lo gracioso es que la mente es una máquina de emitir juicios. No hay forma de controlar su tendencia automática a juzgar. Lo que todos queremos realmente, en mi opinión, es ser escuchados por personas que pueden tener distintos prejuicios en su mente, pero que no permiten que estos les impidan escuchar y estar presentes de verdad.

Supongamos que estoy hablando con mi amiga Melissa sobre su hijo Bo. Me cuenta que su hijo le ha vuelto a mentir sobre sus notas de la escuela. Ella está muy enfadada. En mi mente, pienso: *Ese niño... Es tan malo con ella, y lo odio.* Me doy cuenta, y termino diciendo: «¡Ay! ¡Qué frustrante! Cuéntame cómo te sientes».

Ella dice que sí, que es muy frustrante, y que también está dolida. «Quiero que las cosas cambien», expresa.

Mi mente piensa: *Bo no cambiará nunca.* Pero mi boca dice: «¿Cómo te puedo ayudar?».

He aprendido por las malas a no intentar arreglarle la vida a los demás, porque me drena de energía. Cada vez que quiero solucionarle la vida a alguien, me pregunto: *¿Qué consejo necesito para cuidarme?* Si alguien me pregunta específicamente lo que yo creo que debe hacer, me esfuerzo por darle un buen consejo, pero a *nadie* le gusta recibir consejos sin haberlos pedido.

Es fácil confundir nuestros juicios sobre los demás con los consejos que debemos dar. Aunque le diera a Melissa una respuesta justa, tendría menos impacto porque no la habría descubierto ella misma, y eso podría alejarla de mí cuando lo que más necesita es conectar con los demás. Confío en que ella sabe cuál es la mejor respuesta.

Ejercicio: Eso dices

La comunicación es la base de la felicidad, el éxito e, incluso, la supervivencia. Una buena comunicación consiste en transmitir cierto mensaje y conseguir que otro reciba y entienda el mismo mensaje.

En la siguiente lista, completa las oraciones con las frases que son verdaderas para ti.

Fuego

Yo hablo...

- ☐ con franqueza
- ☐ con sinceridad
- ☐ de inmediato
- ☐ con pasión
- ☐ con valentía
- ☐ con enfado

- ☐ por encima de la gente
- ☐ al poder con la verdad
- ☐ con poco tacto
- ☐ sin esperar a que los demás terminen
- ☐ en tono combativo
- ☐ y digo las cosas como son

Tierra

Yo hablo...

- ☐ despacio
- ☐ a consciencia
- ☐ específicamente
- ☐ con cuidado
- ☐ de manera práctica
- ☐ con coherencia

- ☐ con sensualidad
- ☐ de forma pomposa
- ☐ y me reitero
- ☐ con monotonía
- ☐ de manera crítica
- ☐ y me gusta ir al grano

Aire

Yo hablo...

- ☐ de forma abstracta
- ☐ con lógica
- ☐ con imparcialidad
- ☐ con libertad
- ☐ con inspiración
- ☐ de manera radical
- ☐ intelectualmente

- ☐ objetivamente
- ☐ de manera arrogante
- ☐ incoherentemente
- ☐ con ambigüedad
- ☐ sin parar
- ☐ sin fundamentos

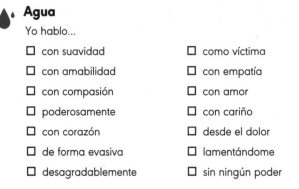

Agua

Yo hablo...

☐ con suavidad   ☐ como víctima
☐ con amabilidad   ☐ con empatía
☐ con compasión   ☐ con amor
☐ poderosamente   ☐ con cariño
☐ con corazón   ☐ desde el dolor
☐ de forma evasiva   ☐ lamentándome
☐ desagradablemente   ☐ sin ningún poder

Presta atención en qué elemento has marcado más cualidades de comunicación.

Vuelve a revisarlo y subraya los atributos que te gustaría incorporar para hablar, escribir y conectar con los demás mediante las palabras. Empieza por hacer una lista de cinco atributos nuevos que te gustaría integrar en tu estilo de comunicación. Lleva contigo esa lista y proponte trabajar en ella a diario. Al final del día, marca los atributos que has podido utilizar.

ESO DICES: PRÁCTICAS

1. Reúne valor y pide a tres personas de tu vida que evalúen con sinceridad tu estilo de comunicación. Escúchalos atentamente cuando compartan cómo te perciben.
2. A diario, aplica consciente e intencionadamente las cualidades comunicativas que has subrayado en el ejercicio.

Escuchar

El tercer dominio requiere el mismo enfoque para hablar y escuchar. En mis cuarenta años de experiencia capacitando a terapeutas, educadores y trabajadores en el proceso de escucha, he descubierto que la mayoría de nosotros nos consideramos buenos oyentes, incluso cuando necesitamos trabajar un poco en esa habilidad. Estas son algunas de las típicas situaciones en las que creemos que escuchamos bien, pero en realidad estamos haciendo otra cosa.

Las personas con el elemento fuego tienden a *recurrir al optimismo tóxico* **en lugar de escuchar con atención.** Sally me cuenta lo desconsolada que está porque su pareja la traicionó hace dos años. Yo le digo: «Mira… Ya sabes que estás mejor sin él. Solo debes centrarte en las cosas buenas que te están sucediendo… Te sentirás mejor más rápido si solo miras el lado positivo». De nuevo, esta intervención no está mal, pero eso no es escuchar con atención. Intento hacer que Sally se sienta mejor, en parte para no acompañarla en su dolor.

Si tengo mucho fuego, esta estrategia de arrasar con las emociones dolorosas me puede resultar natural, pero cuando asumo que es igual para los demás, puedo hacer que no se sientan escuchados. Para permitir que Sally supere los sentimientos que tiene, necesita empatía. Puedo acompañarla en sus sentimientos incómodos y confiar en que ella encontrará el camino ideal para ir desarmándolos y construir una vida nueva.

Las personas con el elemento tierra tienden a *dar consejos* **en lugar de escuchar con atención.** Puede que nos sintamos bien al dar consejos a alguien que nos ha contado algo importante, pero lo que suelen necesitar es que los escuchemos con atención en lugar de ofrecerles nuestra excelente guía. Cuando damos consejos sin que nos los hayan pedido, estamos comunicando que no creemos que la otra persona tenga las respuestas en su interior, sino que nuestra sabiduría es más grande que la suya.

Supongamos que Julian me llama para hablar de un conflicto serio con su padre, quien lo sigue llamando al trabajo cuando está borracho. Yo intervengo así: «Bloquea su número. No lo dejes contactarte». Y Julian se queda callado. Me respeta, por eso quiere escucharme, pero acabo de robarle la oportunidad de evaluar por su cuenta cómo debería manejar ese problema tan complejo. Si él no está de acuerdo con mi recomendación, tendrá que decidir si explicarme por qué, y le puede preocupar que yo me ofenda si no sigue mi consejo. Lo que Julian sí necesita de mí es que escuche su historia con atención y que le pregunte qué soluciones considera que podrían funcionar.

Las personas con el elemento aire tienden a *distraerse* en lugar de escuchar con atención. Cuando alguien está contándote algo y tú cambias de tema, haces un chiste que desvía la conversación, miras el teléfono o tu mente se distrae haciendo la lista de la compra o pensando en que debes llamar a una persona, no estás presente. En un mundo más lleno de distracciones que nunca, este tipo de escucha sucede con más frecuencia de la que nos gustaría admitir.

Las personas con el elemento agua tienden a *sentirse identificadas* en lugar de escuchar con atención. Zoë me cuenta que tiene un problema serio con su hijastro. Dice: «No me escucha. Sale y no vuelve hasta altas horas de la noche...» Yo la interrumpo y suelto la lengua: «¡Uf! Mi hijastro hace lo mismo... Me fastidia tanto... ¡y no puedo hacer nada para que cambie!».

En ese momento, siento que nos entendemos. Ella tiene un problema... ¡y yo tengo *exactamente el mismo*! Pero cuando alguien te cuenta una historia y tú interrumpes para mostrar que te sucede lo mismo, lo que estás haciendo en realidad es redireccionar la conversación y hacer que escuche *tu* historia. Te conviertes en el sujeto en lugar del receptor. No está mal sentirnos identificados cuando la gente habla, pero eso no es escuchar con atención.

¿Cómo escuchas tú?: Práctica

¿Has reconocido tu manera de responder a los demás en la sección anterior? En general, ¿eres de las personas que se identifican, que recurren al optimismo tóxico, que dan consejos o que se distraen? ¿O tiendes a incursionar en todos esos tipos de respuesta cuando alguien necesita que lo escuches?

Haz el siguiente ejercicio con otra persona. Cuando lo hagas, te animo a que te lo tomes como un juego. Ten en cuenta que *todos*, yo también, a veces escuchamos de alguna de esas maneras, ¡y no suele hacer daño! Esta es una oportunidad para observar la diferencia entre la verdadera escucha activa y la escucha que se hace normalmente. Una vez hayas hecho esta práctica, tendrás una consciencia mucho mayor de tus opciones como oyente, y tendrás más claro cómo quieres que te escuchen *a ti*.

1. Elige con quién quieres hacer el ejercicio. Esa persona inventará algo que le está molestando. Es preferible que no sea algo demasiado serio.

2. La persona que comunica comenzará a hablar de su situación. La que escucha le dará un momento y luego la interrumpirá a propósito para expresar que se siente identificada. La que comunica se debe tomar un tiempo para ver cómo se siente. Hablad un poco sobre eso.

3. Cuando la persona que expone continúe con su historia, la que escucha debe interrumpir con su optimismo tóxico. Al igual que en la primera ronda, tomáos un momento para hablar de cómo os sentís antes de seguir con los consejos y la distracción.

4. Repetidlo intercambiando los roles.

5. Tomáos unos minutos finales para hablar de lo que habéis percibido o descubierto.

La verdadera escucha activa

Realmente, la escucha activa significa estar presente para la persona que está hablando sin tener ninguna idea preconcebida de lo que dirá, y sin organizarte para responder mientras habla. Es nuestra decisión estar completamente abiertos y receptivos a

> Creemos que escuchamos, pero muy pocas veces entendemos de verdad lo que escuchamos, mostrando una empatía genuina. Escuchar, sin embargo, y de esa forma tan especial, es uno de los motores del cambio más potentes que conozco.
>
> —Carl Rogers (un comunicador aplicado y comprometido que tenía Sol, Luna, Mercurio y Saturno en Capricornio, el práctico signo de tierra)

escuchar lo que esa persona tenga que decir como si fuera la primera vez, incluso si es una pareja o amistad de hace mucho tiempo.

No importa qué elemento sea nuestra fortaleza natural, podemos incorporar el poder de los otros elementos si queremos ser oyentes excepcionales. Cuando escuchamos de verdad, con interés, invocamos los cuatro elementos. El fuego refleja nuestra capacidad para prestar mucha atención. La tierra mantiene la calma incluso al manejar emociones fuertes. El aire se refiere a la empatía cognitiva, que significa mantener una visión imparcial y apacible para ayudar a la otra persona a entender por sus propios medios en lugar de excedernos y rescatarlos emocionalmente. El agua representa nuestra capacidad para escuchar con empatía y conectar con los sentimientos que acompañan lo que la persona está diciendo. Este tipo de escucha se centra más en el corazón y se enfoca en los matices e inflexiones de los estados emocionales.

Recibir y reflejar

La escucha activa implica prestar atención de verdad al *contenido* y al *proceso* del discurso de la persona, es decir, tanto las palabras que salen de su boca (contenido) como su lenguaje corporal y su tono emocional (proceso). Al captar profundamente todo eso, proponte escuchar con *sensibilidad*, que significa reflexionar sobre el contenido del discurso de la persona y los sentimientos que transmite. Si Johnny me dice: «Me cuesta levantarme cuando suena el despertador porque siempre me duele la cabeza», puedo reflejar lo que ha dicho de la siguiente manera: «Mmm… Entonces, por esos dolores de cabeza que sufres te resulta difícil levantarte por la mañana». Eso no es más que un simple reflejo del contenido, y suele hacer que las personas

✦

Si quieres que te escuchen, debes dedicar tiempo a escuchar.

—Marge Piercy (Luna conjunción Plutón en Cáncer, y trígono Venus en Piscis)

se sientan bien. Te demostrarán que las has entendido al asentir con la cabeza.

Si agregamos un proceso, los reflejos emocionales incorporan el lenguaje universal de las emociones, que ayuda a la gente a sentirse más vista y cuidada. Digamos que Molly me cuenta que tiene mucho trabajo, y que sus colegas siguen cargándola de cosas, pero luego no le reconocen el esfuerzo incansable que hace para terminarlo. Podría reflejarle a Molly: «Parece que estás muy cansada de que la gente no entienda lo que haces... Te sientes ignorada y agotada». Molly asiente, su cuerpo se relaja. Ella sabe que me importa cómo se siente.

Otra habilidad valiosa que se relaciona con la escucha es la de *resumir* o *parafrasear*. Resumimos cuando llevamos un tiempo escuchando y elegimos algunos fragmentos para reflejar. Quizás Roxy me cuenta que su familia tiene varias propiedades en Goleta y que no todos sus inquilinos pagan la renta. Roxy no tiene manera de que le den el dinero. Está en medio de una espiral de problemas económicos porque no tiene flexibilidad para negociar con los acreedores. Si voy a resumir el contenido, no repito todo lo que ella ha dicho; no soy transcriptora. Lo que puedo decirle a Roxy es: «Tu familila y tú estáis sufriendo un gran estrés económico... No habéis podido cobrar la renta, un ingreso que necesitáis, y como propietarios no tenéis quien os ayude en el proceso». De nuevo, sabrás que la otra parte se siente escuchada a partir del lenguaje corporal cuando hagas un resumen acertado.

La habilidad más útil para una escucha activa es el silencio. Muchas veces, sentimos una gran necesidad de dar consejos, consolar, cambiar de tema o seguir adelante, pero quedarnos en silencio y escuchar con atención es lo que le da a la otra persona el espacio para expresarse. Haz el esfuerzo de sentirte a gusto con las pausas y los silencios. Intenta escuchar para entender en lugar de contestar. Percibe la tentación de llenar el vacío y *hacer algo*. Respira y, luego, vuelve a enfocarte en la persona a quien escuchas. Recuerda que, cuando alguien está en silencio y está muy concentrado escuchándonos, nos sentimos el centro de una atención muy cariñosa... y eso en sí mismo tiene un poder sanador. Cuando quieras invocar ese silencio profundo, piensa en un lago inmenso y tranquilo, una montaña majestuosa, un cielo azul o una fogata hermosa y serena.

Hacer preguntas abiertas es la última lección de este curso intensivo sobre escucha activa. Una pregunta abierta empieza con «qué» o «cómo» y no se puede responder con tan solo un sí o no. *¿Cómo es para ti ser padre/madre soltero/a hoy en día? ¿Qué sabes sobre la adicción y cómo afecta a las familias? ¿Cómo te han ido las vacaciones? ¿Qué altibajos has vivido?* Los buenos oyentes son curiosos de verdad y hacen muchas preguntas abiertas.

Todos hemos escuchado dichos antiguos sobre la verdadera razón por la que tenemos dos oídos y una boca: porque, en todas las situaciones, se supone que debemos escuchar el doble de lo que hablamos. Como me dedico profesionalmente a escuchar, es algo natural para mí, pero tiene una desventaja: puedo recordar cientos de oportunidades en contextos sociales en los que nadie me hizo ni una sola pregunta. Las personas están desesperadas por ser escuchadas, y cuando descubren que escucho con atención, empiezan a descargarse con entusiasmo y se olvidan que yo también soy una persona, ¡que necesito que me escuchen! Puede que empieces a notar esto a medida que perfecciones tu capacidad para escuchar. Es un precio pequeño que debemos pagar, compensado por los beneficios de habitar el mundo siendo grandes oyentes.

Escucha activa: Práctica

Siéntate con otra persona. Pon dos minutos en un temporizador.

Uno de vosotros debe comentar algo que le esté sucediendo. Puede ser algo difícil o alegre, o cualquier situación intermedia. El trabajo de la otra persona es escuchar con atención para luego reflejar, resumir o parafrasear, dejando lugar al silencio y a preguntas abiertas.

Al finalizar los dos minutos, intercambiad los roles.

Cuando ambos hayáis compartido vuestras historias, dedicad unos minutos para hablar sobre la experiencia.

ILUMINACIONES

Mercurio se mueve hacia atrás (retrograda) en su órbita durante tres semanas, tres o cuatro veces al año. Este planeta rige todas las formas de comunicación y los viajes. Entonces, cuando retrograda, nos desafía a hacer un uso más cuidadoso de los dispositivos, los vehículos y las palabras.

Para la mitología, Mercurio es el bromista. Durante su desplazamiento hacia adentro/atrás, experimentamos todo tipo de retrasos y malentendidos graciosos y fastidiosos. Esto nos da una oportunidad muy necesaria para bajar la velocidad con la que nos comunicamos y viajamos. Damos por sentado que las comunicaciones y los viajes son rápidos como un rayo y altamente eficientes. ¿Cómo es que llegamos a sentirnos con todo el derecho a pensar que las cosas que enviamos o recibimos deben llegar en tiempo y forma? ¿No es increíble que miles de kilos de metal vuelen habitualmente por el cielo, llevando a cientos de personas, sin ningún problema?

Durante la fase de Mercurio retrógrado, podemos tomar cada fastidiosa interrupción en los sistemas de comunicación, los contratos y los viajes como si fuera la campanilla de la meditación: un recordatorio para hacer una pausa, estar presentes y dar las gracias.

He descubierto que Mercurio responde mejor al respeto humilde por la complejidad inconmensurable de los sistemas de los que dependemos para comunicarnos y viajar. Si todos estuviésemos dispuestos a hacer una meditación y mostrar nuestra gratitud hacia Mercurio durante todos los días de su retrogradación, mejoraríamos y elevaríamos nuestras experiencias al comunicarnos y viajar.

Ten en cuenta lo que llamo la *regla de tres* para la fase de Mercurio retrógrado: antes de enviar algo, revísalo tres veces. Controla el tono, el contenido, los números y las fechas. Esto te ayudará a evitar que la autopista digital se obstruya con más confusión. De hecho, he descubierto que esta regla de tres hace que la fase de Mercurio retrógrado sea muy satisfactoria. Me inspira a tomar más consciencia y valorar el poder de las palabras.

Algunas personas tienen Mercurio retrógrado en su carta natal. Eso trae una bendición y una responsabilidad adicionales, ya que deben ser comunicadores considerados y prudentes. Han recibido una llamada para reflexionar sobre sus palabras y elegirlas bien. Una sola advertencia: ¡no os enfrasquéis demasiado en mantener la pulcritud mental! Decidlo, escribidlo y soltadlo.

Dar y recibir: Generar equilibrio en el dominio de la comunicación

Ahora que has considerado cómo los otros reciben lo que comunicas y cómo escuchas a los demás, tienes una noción de cuál es tu elemento más fuerte en este dominio. Desde luego, tener una inclinación marcada por un elemento en este caso representa una fuente de potencia muy profunda. Tener mucho fuego nos da la capacidad de comunicar con pasión, entusiasmo y creatividad. Quienes tienen mucha tierra suelen ser muy buenos para mantener conversaciones sensatas, tranquilas, comedidas y compasivas. Las personas con mucho aire tienden a ser grandes visionarias, pensadoras y comunicadoras de conceptos abstractos. La abundancia de agua aporta a la comunicación los dones relacionados con las emociones y la capacidad de investigar en profundidad para encontrar la verdad y la inspiración artística.

Veamos algunos ejemplos de personas reales cuyo desarrollo de uno o varios elementos que no son predominantes les permitió alcanzar un mayor equilibrio y lograr una expresión más eficaz de sus fortalezas innatas.

Max lee con avidez, ve las noticias todo el tiempo y está al tanto de todo. Pero tiende a incomodar a los demás por sus opiniones arrogantes sobre lo que está bien o lo que está mal. A duras penas puedes decir una palabra cuando está hablando, porque te refutará todo lo que digas con su saber superior. Claramente, ha desarrollado las facultades positivas del aire, que consisten en crear redes, aprender cosas nuevas y difundir información, pero no ha dominado la capacidad de escuchar del agua (ser consciente de lo que sienten los demás) o los atributos de la tierra (percibir el lenguaje corporal de las personas mientras hablas). Cuando Max se entera de que a sus seres queridos no les gustan sus sermones, se inscribe en un curso de comunicación. Con el tiempo, descubre que él creía que comunicaba, pero en realidad estaba sentando cátedra. Max comienza a descubrir el arte de la curiosidad, haciendo preguntas abiertas y reflejando las emociones y el contenido. A consciencia, habla más pausado para que los demás puedan escuchar de verdad lo que tiene que decir.

Durante las conversaciones, Barbara siempre se ve sobrepasada por las emociones. Cuando algo le provoca emociones fuertes, empieza a llorar, no puede continuar la conversación y, muchas veces, tiene que buscar un lugar donde tumbarse y quedarse en posición fetal. Como otros no reaccionan ni con una pizca de la profundidad de las emociones que ella atraviesa a la primera de cambio, se siente aislada e incomprendida la mayoría de las veces. Barbara se agobia con tanta facilidad que ha aprendido que sus sentimientos no son un hecho: que sienta algo no significa que sea verdad para los demás, ni siquiera para ella misma. Su ser emocional es tan poderoso que puede llevarla a inventar historias que, cuando está más estable, puede reconocer que no son reales. Para hablar, Barbara comienza a incorporar la respiración profunda, una práctica de la tierra. Hace pausas frecuentes para centrarse y afirmarse, así las olas emocionales no la invaden. También comienza a escuchar con más objetividad para que, en lugar de hundirse rápidamente en sus sentimientos, pueda pensar en lo que la gente está diciendo y observar las ideas presentadas, impidiendo que las emociones intensas la derriben. Ahora Barbara puede hablar con claridad, incluso mientras llora. También ha aprendido a hacer una pausa y reponerse para sentirse más afianzada al hablar con los demás.

J. D. habla muy claro, pero se toma mucho tiempo para llegar a la conclusión de lo que quiere decir. Es tan lenta y pomposa al hablar que, para cuando termina, incluso los oyentes más pacientes están muertos de aburrimiento. Cuando J. D. se da cuenta de que su discurso tan prudente impide que la gente la entienda, decide asistir a clases de oratoria, para aprender a ser más sucinta y usar una entonación más variada. Después de unos meses, J. D. nota que la gente tiene un mayor interés por hablar con ella. Ahora puede expresar su opinión, e incluso agregar un toque apasionado para que su discurso sea realmente impactante.

Doreen es una verdadera cuentista que suele irse por la tangente. ¡Incluso sus digresiones tienen digresiones! Es tan creativa contando historias que, aunque su público sea grande, la mayoría de las personas no puede seguirle el hilo. Para cuando llega al truco final del circo de su historia, el público ha visto tantos actos que ya ha perdido el interés. Cuando reconoce por qué tiende a perder espectadores, Doreen empieza a practicar la habilidad térrea de corregirse a sí misma. Practica hablar en bloques más cortos y, en intervalos a lo largo de sus historias, comprueba si la gente la sigue y si tienen preguntas o aportaciones. Este proceso de equilibrar su fuego con tierra crea un espacio muy cálido para las reuniones, en lugar de encender una fogata incontrolable de tramas enredadas y explosivas.

A partir de ahora...

Si quieres mejorar tu capacidad para comunicarte con eficacia, busca incorporar las hábiles energías de los cuatro elementos:

Fuego: coraje, transparencia, autenticidad. Cultiva la franqueza apasionada con la intención de generar armonía en lugar de querer ganar. Desarrolla la capacidad de mantenerte alerta y de mostrar compromiso con el punto de vista de otro, sintiendo el fuego de la conversación.

Tierra: consciencia, serenidad, practicidad. Cultiva la consciencia del tiempo que te lleva hablar y ten claro el objeto de tu intercambio. Aprende a mantener tu centro y la firmeza cuando hablas, y presta atención al ritmo y la longitud del intercambio. Escucha de manera paciente y estable las preocupaciones y los sentimientos de los demás.

Aire: inspiración, articulación, claridad. Cultiva la claridad y la facilidad en el vocabulario y la expresión. No introduzcas demasiadas digresiones y aprende a tolerar y celebrar que haya distintos puntos de vista. En lugar de criticar, ten curiosidad por las diferencias fundamentales.

Agua: seguridad, cuidado, compasión. Guía con empatía. Muestra un interés genuino por entender los valores centrales y las emociones del otro. Evita dominar la conversación con reacciones emocionales intensas. Aprende a usar las emociones como una puerta que lleva a otros debates.

CAPÍTULO CUATRO

✦

El cuarto dominio:
El hogar interior y exterior

El cuarto dominio está relacionado con dos focos importantes de la Casa 4 en astrología: la casa en la que vives y las emociones que sientes allí. En este capítulo aprenderás a generar un espacio para vivir en el que se contemplen los cuatro elementos, así como la tonalidad emocional con la que vives y que quieres manifestar en tu hogar.

La Casa 4 en astrología aborda el hogar, la familia, los ancestros y el sentido de pertenencia. El signo en tu Casa 4 describe tus primeras influencias y confiere las características de tu vida hogareña y familiar, mientras que los planetas que se encuentran en esta casa representan los temas, las fortalezas y las áreas de aprendizaje y el posible crecimiento en relación con el hogar y la familia. (Si no tienes planetas en esta casa, debes enfocarte en el signo de su cúspide y llevar esos atributos a su máxima expresión).

Si Piscis está en la cúspide de la Casa 4, por ejemplo, tanto las influencias positivas como las dificultades de ese signo —la ensoñación, la imaginación, las emociones y la magia, así como la depresión, la adicción, los fantasmas ancestrales y la hipersensibilidad— tendrán un impacto en tu vida hogareña y familiar. Si tienes a Saturno en esa casa, aportas un gran sentido de la responsabilidad a tu hogar y tu familia, además de las vicisitudes relacionadas con la pertenencia. Saturno en la

Casa 4 habla de tu potencial para enseñar el compromiso con los valores familiares, como sea que los definas.

El sentido del hogar del cuarto dominio se trata, en parte, de la estructura o refugio en el que vivimos, es decir, la forma en que refleja nuestra naturaleza interior y qué nos hace sentir más cuidados. ¿Sientes que el estilo y el espíritu de tu casa muestran quién eres realmente? ¿Representan a la tierra, el aire, el fuego y el agua de manera complementaria a los elementos de tu carta natal? Si no, ¿qué cambios puedes hacer para generar más equilibrio? Esa es una cuestión que analizaremos en este capítulo.

Este dominio aborda cómo se *siente* tu hogar y cómo te sientes *tú* cuando estás allí. Cada casa tiene su propia tonalidad emocional, y podemos poner la misma intención que queramos para crear esa tonalidad que al elegir un sofá adecuado o los cuadros que queden bien en las paredes.

Ahondemos en la arquitectura y las características sensoriales de tu hogar. ¿De qué manera reflejan quién eres? ¿Cómo te hacen sentir? ¿Hay manera de dar forma o ajustar detalles para lograr un mejor equilibrio?

Tu hogar físico

¿Recuerdas haber vivido en algún lugar que te pareciera inapropiado, ya sea durante un viaje o porque no tenías otra opción? A mí me ha pasado, y sentía que allí era imposible descansar de verdad, como si tuviera una fricción invisible con el lugar o necesitara protegerme de ese espacio. De cualquier manera, me sentía agotada, a la defensiva, nerviosa.

Los espacios tienen su propia psicología. Desde el momento en el que entramos en la casa de alguien, nos invade un presentimiento. Algunos lugares son tenebrosos. Otros son muy relajantes o estimulantes. Otros son sofocantes o claustrofóbicos. Y nuestras respuestas individuales a los espacios pueden ser muy diferentes según nuestra propia psicología. Un lugar que me parezca tenebroso puede ser inspirador para otra persona. Un lugar que es cómodo y acogedor para ti puede resultarme claustrofóbico y asfixiante. La composición elemental de nuestra carta natal —y lo que sea que suceda en la Casa 4— puede ayudarnos a entender las intuiciones que sentimos en distintos espacios, y cómo dar forma a nuestra vivienda para tener la hermosa sensación de estar en casa.

ILUMINACIONES

La cuarta casa astrológica también está relacionada con las madres, cómo nos criaron y cómo criamos nosotros. (Los hombres, las mujeres y las personas no binarias pueden criar a otros, así como las personas que no tienen hijos). También representa las bases que nos dieron, que apoyan o menoscaban nuestro sentido de pertenencia, de seguridad y de cuidado.

En términos psicológicos, la Casa 4 revela problemas y dones relacionados con nuestra familia de origen. También describe quiénes somos en los momentos más íntimos. *¿Quién eres* cuando estás en tu habitación y nadie te ve? Las primeras influencias familiares construyeron ese ser más profundo, y todos recibimos influencias útiles y otras que fueron de poca ayuda.

Nunca abandonamos realmente nuestro hogar de origen, donde se desarrollaron nuestra naturaleza interior y nuestro ser emocional. Lo llevamos con nosotros a todos los lugares donde habitamos. La Casa 4 nos puede dar información que nos permita elegir si queremos conservar el legado familiar nocivo. Crear un hogar físico que sea seguro y acogedor y desarrollar la inteligencia emocional son dos maneras importantes de romper las cadenas de los patrones familiares disfuncionales.

Ejercicio: Sentirse como en casa con los elementos

Es importante que el espacio donde vives transmita a la parte más profunda y vulnerable de tu psique que estás a salvo y que puedes relajarte. Con eso en mente, observa estas listas que reflejan estructuras o casas propias del fuego, la tierra, el aire y el agua y repásalas tres veces:

1. En la primera pasada, subraya las características que describen el ambiente actual de tu hogar.
2. La segunda vez, revisa si hay características que tu casa no tiene y te gustaría que las tuviera. Enciérralas en un círculo.
3. Vuelve a leerlas una vez más y fíjate si hay características que te gustaría tener menos o que no quisieras tener más. Táchalas.

Mientras resuelves esta actividad, ten presente en la mente y el corazón lo que tu alma anhela en lo más profundo para lograr el tipo de estructura que más te haga sentir como en casa.

 Entornos de fuego

Dramáticos	Extravagante
Coloridos	Chocante
Lúdicos	Intenso
Elementos distintivos	Obras de arte grandes e imaginativas
Características del fuego	Trofeos de caza
Rojo	Muchas fotos tuyas
Naranja	Caótico
Amarillo	Abarrotado

 Entornos de tierra

De madera o arcilla	Similar a una cueva

Tonos tierra

En un sitio agreste o natural

Amueblado con elementos encontrados o naturales

En una montaña

Alfombras texturadas

Construcción robusta

Cómodo

Resistente

Materiales sustentables

Oscuro

Sofocante

Empalagoso

Asfixiante

Polvoriento

 Entornos de aire

Mucha luz y aire fresco

Zen

Vistas increíbles

Inmaculado

Diseños conceptuales

Moderno

Líneas simples

Austero

Paredes blancas

Yermo

Balcones

Intocable

Techos altos

Ventilado

Sencillez

Entornos de agua

Homenaje a los ancestros

Diseño abierto

Agua en los alrededores

Bañeras

Características del agua

Desordenado

Telas suaves y fluidas

Embarrado

Curvas

Corroído

Azules y verde

Con goteras

Interiores y exteriores

Con humedad

Sentirse como en casa con los elementos: Práctica

Una vez que hayas completado los inventarios, conversa con un amigo o amiga, escribe o haz arte sobre lo que has descubierto.

Más allá de lo tangible

La vivienda de cada uno da una *sensación* particular. Si no lo tenemos en cuenta intencionadamente, es posible que no lo notemos, pero nosotros —y las personas que pasen tiempo en ese espacio— lo sentiremos. Ya sea que lo sepamos o no, cuando alguien entra en nuestra casa, siente de inmediato una impresión fuerte de la temperatura emocional del lugar. Cuanta más consciencia tomemos de las sensaciones que queremos generar en nuestros refugios, más eficaz será la creación del entorno emocional que buscamos.

¿Qué sensaciones quieres albergar en *tu* hogar? Haz estos dos ejercicios.

Evaluación: La sensación de tu hogar

De la siguiente lista, elige cuatro estados emocionales clave que quieres que tú y otros experimenten en tu espacio. Habla con alguien cercano sobre los motivos por los que esos estados emocionales son importantes para ti, y qué harás para cultivarlos a diario con mayor consciencia.

🔥 Fuego

Dinámico	Comprometido
Emocionante	Afectuoso
Creativo	Expresivo
Apasionado	

Tierra

Cálido

Conectado

Táctil

Sostén

Acogedor

Confiable

Constante

Ritualista

Rutinario

Afectivo y cariñoso

 Aire

Fresco

Conversacional

Ocupado

Informativo

Inclusivo

Acogedor

De mente abierta

Interesado

Despreocupado

Amante de la variedad

Agua

Considerado

Útil

Adorable

Emocional

Cariñoso

Atento

Contenedor

Empático

Comprensivo

Unificador

Sin límites

Ahora, vuelve a repasar las listas y elige los cuatro estados enriquecedores *menos* importantes en tu hogar. Esas cualidades pueden ser áreas a desarrollar y a incorporar más en tus entornos.

Los sentimientos que solemos marginar porque los consideramos menos importantes tienen la costumbre de aparecer por la puerta trasera, aunque no los hayan invitado. Por ejemplo, si he marcado «conversacional» como un estado que valoro poco, puede que favorezca pasar un montón de tiempo frente a la pantalla o que tenga reglas estrictas sobre cuándo se puede hablar o abordar ciertos temas. Es natural que nuestras prioridades reciban toda nuestra atención, mientras que los estados que ignoramos quieran acapararla con tácticas desagradables.

Elementos ocultos

Las emociones ocultas son aquellas que solemos enterrar porque no están bien vistas o valoradas en la sociedad. El enfado, el miedo, el dolor, la frustración y la tristeza son algunos ejemplos. Si desconocemos que cada elemento tiene una emoción oculta, proyectamos esa sombra sin saberlo:

> **Fuego:** mordaz, impaciente, peleador, discutidor, moralista, estridente
>
> **Tierra:** sofocante, terca, crítica, quisquillosa, inflexible
>
> **Aire:** ansioso, disociado, frío, disperso, perdido, errático espiritual (se niega a reconocer problemas encubiertos; los evita y esquiva, y va directamente al optimismo)
>
> **Agua:** muy sensible, susceptible, subjetiva, malhumorada, reservada, desdeñosa

No tengas miedo a descubrir que hay emociones ocultas en tu casa. Cuando prestas atención y tomas más consciencia de los atributos emocionales que has descuidado, o que no considerabas tan importantes en tu casa, entonces puedes comenzar a honrarlas con más consciencia. Como el elemento fuerte de mi pareja es el agua y el mío el aire, creamos un entorno amoroso y abierto a los sentimientos. A veces aparecen los estados ocultos del agua o el aire: yo puedo ser una persona fría, que termina las conversaciones o las fiestas de repente; mi pareja a veces trae un aura depresiva debido a su gran sensibilidad. Las dos estamos aprendiendo a manejar esos aspectos para no lastimar a los demás.

En mi caso, cuando estoy a punto de echar a la gente de mi casa porque ya estoy cansada de socializar, son más de las nueve de la noche y es hora de ir a dormir, suelo recurrir a un sentido del humor animado y autocrítico: «¡Bueno! Estoy a punto de convertirme en la reina de hielo para echaros a todos porque estoy agotada...». Luego les aclaro que *realmente no es por ellos, sino por mí*: «Pero quiero que sepáis cuánto os quiero y que me alegra que hayan venido». Sé que tengo esa sombra —que es parte de mi composición, con tanto aire y fuego—, así que no me juzgo ni pienso que debería simular que voy estar de fiesta hasta la madrugada cuando ya ha sido más que suficiente para mí y quiero irme a la cama. Cuando todavía no lo entendía, fingía porque pensaba que así les gustaría o me amarían más. La sombra terminaba llenándome la cabeza, y yo explotaba de maneras inconscientes que resultaban mucho más dañinas que si hubiese dicho la verdad en su momento.

Tener consciencia es clave para mitigar los efectos negativos de las emociones ocultas. No puedes hallar la luz si no la contrastas con la oscuridad.

Elementos ocultos: Práctica

Evalúa —conversando, escribiendo o haciendo arte— cómo puedes trabajar con tus lados ocultos, así como mi pareja y yo hacemos con los nuestros.

Pulir tu entorno

¿Cuán cerca estás de tener el entorno que más te agrada? ¿Qué detalles puedes mejorar para incorporar más elementos a tu espacio actual y así contribuir a tu bienestar?

Por supuesto, si compartes la casa con otros, como la mayoría, deberás llegar a un acuerdo con ellos sobre la expresión de los elementos en los espacios compartidos. Cuando descubras lo que le falta a la casa para tener un equilibrio elemental, puedes hablar con las personas que viven contigo sobre lo que más quieren y necesitan. Si puedes hacer que completen los ejercicios, la conversación será más fácil. Estas son algunas historias de aquellos que han trabajado sobre los elementos para mejorar los espacios en sus casas.

Cuando visité a Paul y Jan por primera vez vivían en una casa que se parecía a una cueva. Y no me sorprendió, porque ambos nacieron bajo el signo fijo de la tierra, Tauro. Esa casa representaba los aspectos acogedores, tranquilos, cálidos y hospitalarios de sus almas. Al entrar, sentí que la casa me invitaba constantemente a acurrucarme y cuidarme. Con el tiempo, Paul y Jan decidieron que querían construir un hogar que reflejara de verdad su espíritu artístico y visionario. Contrataron a unos amigos y artistas para crear una casa personalizada que mantuviera esa sensación de tierra y firmeza, pero que incorporara techos altos, arte místico, una gran chimenea y algún detalle con agua. Un mejor equilibrio de los elementos transporta a las visitas a dimensiones de otro mundo, a la vez que continúan brindando una hermosa sensación de seguridad y contención.

La habitación de Noah, mi ahijado adolescente, refleja su Luna en Tauro (oscura, acogedora, parecida a una cueva), su Sol en Géminis y su ascendente en Libra (un proyector y una pantalla gigante para mirar los animes que le encantan). Hay colores fríos (grises y verdes) y muchos objetos importantes desparramados por todas las superficies. En su transición de la infancia a la adultez, Noah tiene dificultades para encontrar motivación en la escuela y para interesarse por una carrera. Le aconsejé que incorporara el elemento fuego en su habitación —una manta roja brillante sobre la cama y algunos cuadros con rojo, amarillo y naranja en la pared—, y me contó que eso le ayudó a sentirse con un poco más de energía para hacer cosas.

A la casa de mi amiga Marla la llamamos «el hogar de la sirena». Todas las paredes de esa casa en la playa rinden honor a las criaturas del mar y las ninfas; exuda magia y diversión. Tiene una combinación exquisita de emoción y color, y una suavidad y ternura que se expande por todos lados. Al entrar, la casa parece fantástica y segura. Es la mejor combinación de la expresión creativa del fuego y el amor que lo abarca todo, propio del agua.

Gerardo y Shiva, creadores pioneros en el mundo de la tecnología y el arte, están construyendo la obra maestra en la que vivirán: una casa de aire y tierra en su máxima expresión. Las curvas y vistas magníficas elevan a las visitas al plano de la imaginación. Dentro de la casa, uno siente la amplitud de lo divino, junto con el alcance ilimitado del intelecto.

Jayce y Shelly han dedicado su vida a construir casas que son obras de arte. Están invirtiendo tiempo, energía y dinero para desarrollar una hacienda funcional que aloje a varias familias y que sea ecológicamente sostenible. Construyeron su hacienda con graneros reutilizados, y se alimenta de paneles solares y fuentes de agua reciclada. Los techos altos y los senderos que hay en toda la propiedad aportan amplitud e inspiración. Cuando entro a su hacienda, siento que todos los elementos cantan al unísono: la gloria firme y estable de la tierra, la alegría y felicidad del fuego, el caudal maternal del agua y la euforia del aire.

Inteligencia emocional

El espacio donde nos sintamos a salvo para explorar y expresar nuestras emociones será nuestro hogar. Esta capacidad no es innata, ni la mayoría de nosotros la ha aprendido en la infancia. Lo que muchos de nosotros aprendimos fue a enmascarar, ocultar o encubrir nuestro ser emocional. Al desarrollar la capacidad de identificar, sentir y expresar las emociones de manera sana, aumentamos nuestra inteligencia emocional. Cuanto más emocionalmente inteligentes nos volvemos, más podemos sentirnos como en casa, donde sea que vayamos. Si evitamos nuestro ser sensible, ningún lugar se sentirá como nuestro hogar.

De niños, la mayoría de nosotros aprendimos a tapar emociones incómodas como el miedo, el enfado, la frustración, la vergüenza o el dolor para pertenecer o mantener cerca a las personas importantes.

Puedes empezar a sentir más comodidad con todo tipo de emociones al explorar tu ser emocional a través de cada uno de los cuatro elementos. Cuando reconozcas una emoción fuerte, tómate un momento para analizar: ¿Cómo te sientes de verdad, en términos emocionales (agua)? ¿Cómo se manifiesta esa emoción en tus sensaciones y sentidos (tierra)? ¿Qué nombre le puedes poner (aire)? ¿Y cómo expresas esos sentimientos (fuego)? Explorar nuestros sentimientos a través de los cuatro elementos es una manera de honrar su poder y sabiduría y reducir su capacidad para agobiarnos o empujarnos a tomar decisiones que contradigan nuestros valores. Ese es el primer paso para sentirnos realmente como en casa con nosotros mismos.

Debemos examinar en mayor profundidad la capacidad de nombrar los sentimientos. Requiere *granularidad emocional*, en la que desarrollamos nuestra aptitud para etiquetar correctamente lo que sentimos. Poner un nombre a un sentimiento nos acerca mucho a la posibilidad de manejarlo. Al nombrarlo, lo adiestramos. Cuando no nombramos nuestros sentimientos, es frecuente que nos «manipulen», y nos pueden llevar a actuar de manera poco hábil y no alineada con nuestros valores.

Si bien las emociones fuertes a veces nos pueden hacer sentir que estamos bajo el agua y nos ahogamos, que el viento nos arrastra o nos quemamos por dentro, también nos mandan mensajes vitales sobre nuestras necesidades y deseos más profundos. A la mayoría de nosotros nos han enseñado a ignorar los sentimientos para que hagamos lo que debemos, pero no podemos aislar, censurar o reprimir sentimientos y tener una vida feliz y sana. Por otro lado, no es saludable habitar en el mundo de las emociones hasta tal punto que dejemos de hacer cosas. Volvernos expertos en las emociones implica tener métodos y estrategias para tener sentimientos profundos y lidiar con ellos sin que nos ahoguen. Adquirir esa capacidad nos permite alojar sentimientos de manera natural sin dejar que se apoderen de nosotros.

ILUMINACIONES

Las personas con signos de fuego o agua en la cúspide de la Casa 4, como Aries o Escorpio, pueden tener dificultades para evitar actuar según sus sentimientos. Los signos de fuego como Aires, Leo y Sagitario tienen una tendencia a expresar enfado o frustración con gritos, tirando cosas o dando portazos; y los signos de agua como Escorpio, Cáncer y Piscis pueden optar por expresiones más dramáticas de sus sentimientos profundos, haciéndose las víctimas o intentando que otros vengan a rescatarlos.

Cada uno de estos elementos aporta algo importante a la tarea de desarrollar inteligencia emocional:

Fuego: cultiva la capacidad de manejar emociones intensas y expresarlas con destreza, en lugar de reaccionar de manera poco hábil.

Tierra: cultiva la capacidad de retrasar la gratificación para poder trabajar sobre un objetivo o esfuerzo a largo plazo con paciencia y determinación.

Aire: cultiva la capacidad de nombrar y domar las emociones y de restaurar una narrativa y un estado mental positivos ante el desafío de las adversidades u obstáculos.

Agua: cultiva la capacidad de sentir las emociones y armonizar con otros, con compasión y empatía.

Supongamos que a Waylon le gusta mantener la casa limpia y ordenada, y que su pareja, Melanie, y sus hijos adolescentes tienden a ser desordenados. Una vez más, Waylon llega a casa y encuentra la cocina revuelta, con restos de granos de café sobre la encimera y el fregadero lleno de platos sucios. Está enfadado y frustrado, pero, en lugar de nombrar esos sentimientos, puede que se ponga a limpiar de manera ruidosa y pasivo-agresiva, y que haga comentarios sarcásticos y maliciosos a quien pase por allí. Esto hace que los demás se enfaden y se frustren, lo que imposibilita mantener una conversación real sobre las necesidades y responsabilidades de cada uno. Melanie se da cuenta de que está enfadado y le pregunta qué pasa, a lo cual él le responde: «No, *nada*, estoy *bien*, no te preocupes por mí». Ella, sintiéndose rechazada, retrocede. Puede que Waylon rompa un plato por accidente en su ataque de ira. Sus sentimientos lo dominan. Tiene mucha agua y fuego en su carta, y su respuesta poco hábil al enfado y la frustración consiste en sentir pena de sí mismo, como si fuera la víctima (agua) y tuviera que reaccionar (fuego).

Ahora, digamos que Waylon decide aplicar la granularidad emocional y nombrar los sentimientos para domarlos. En ese conjunto de capacidades, incorpora la tierra (retrasar la gratificación que trae hacer un comentario mordaz o estallar frente a las personas que lo han hecho enfadar, para trabajar en el objetivo a largo plazo de hacer que los otros colaboren más con las tareas del hogar) y el aire (comunicar lo que siente en lugar de reaccionar, y volver a un estado de ánimo más positivo). Podría llamar a Melanie y los chicos a la cocina para decirles: «Me enfada y me frustra encontrar la cocina desordenada cuando llego a casa después de un día largo de trabajo. Me duele cuando las otras personas que viven en esta casa, que saben que mantener el orden es muy importante para mí, no ponen de su parte. Quiero que vengáis y limpiéis esto mientras me doy una ducha. ¿Podréis terminarlo en media hora?». Los demás pueden negociar con él y (con suerte) hacer su parte.

Supongamos que Sarah rompió con su pareja hace poco y está triste y atravesando el duelo. Su carta tiene mucha tierra y aire, y su forma de lidiar con las emociones es entrar en una depresión profunda. Se queda en casa y no habla con nadie hasta que se siente mejor (respuesta poco hábil de la tierra), y su cabeza le da vueltas a la situación horrible en la que se encuentra, a todo lo que ha hecho mal y al amor que nunca encontrará (respuesta poco hábil del aire). Lo que ayudaría a Sarah sería invocar los elementos agua y fuego: sentir toda la tristeza y el dolor y acercarse a los demás con la compasión y la empatía que ella tanto necesita (agua), y aprender a expresar y trabajar sus emociones, quizás mediante una actividad creativa o de gran intensidad física (fuego).

A partir de ahora...

Dónde vivimos y cómo nos sentimos en ese lugar tienen un gran impacto en nuestra vida cotidiana, en lo protegidos que nos sentimos en la intimidad y cómo se sienten los demás en nuestro hogar. Podemos vivir en un espacio que nos represente mejor al equilibrar los elementos en el aspecto y la sensación del hogar que creamos.

Desarrollar la inteligencia emocional nos ayuda a nosotros y a nuestros seres queridos a sentirnos más como en casa, sin importar dónde nos encontremos. Podemos recurrir a cada elemento para obtener apoyo emocional de distintas maneras. Cuando un elemento tiene menor representación en nuestra carta natal, podemos hacer un esfuerzo decidido para cultivarlo en nuestro camino hacia una mayor inteligencia emocional.

CAPÍTULO CINCO

········ ✦ ········

El quinto dominio:
Crear y amar

═══════════

Las dos temáticas más importantes de la Casa 5 astrológica son nuestras formas de crear y de enamorarnos. Nos enfocaremos en ellas al explorar el quinto dominio.

La creatividad y el amor tienen mucho en común. Para crear con libertad, debemos adentrarnos en lo desconocido, y quien se haya enamorado perdidamente sabe que ese es el salto al vacío más grande que podemos hacer.

Muchos de mis clientes se quejan porque sienten que su expresión creativa está bloqueada. No es de extrañar, ya que las redes sociales y la cultura pop han convencido a muchos de nosotros de que no debemos perder tiempo en la expresión creativa, a menos que nos ayude a alcanzar la fama o la riqueza. Si echamos un vistazo a la página principal de nuestras redes sociales, es probable que encontremos muchos ejemplos de animadores y artistas muy reconocidos haciendo lo suyo; y es natural que los seres humanos nos comparemos con aquellos que consiguen muchas visualizaciones y seguidores. Sentimos que debemos ser lo suficientemente buenos en la forma de expresión que elegimos para que nos reconozcan o nos aclamen. De lo contrario, mejor no molestarnos.

Cuando escucho a la gente decir «no tengo mucha creatividad» —y lo dicen mucho más a menudo de lo que me gustaría—, el mensaje subliminal que recibo es «ya casi me ha llegado la hora». La palabra *crear* significa «hacer que algo empiece a existir». Cuando olvidamos que lo más mágico del ser humano es que podemos hacer a consciencia que algo empiece a existir, perdemos nuestra chispa divina.

Para recuperarla, debemos recurrir al quinto dominio, que se relaciona con la curiosidad infantil, el juego y el amor. Los niños pequeños no crean para cumplir objetivos o fechas de entrega, ni para recibir aprobación. Sus creaciones son libres y nacen del amor. Esa es la clase de expresión que el quinto dominio nos invita a hacer, a aprovechar la fuente inagotable sin censura, expectativas ni críticas. La buena noticia es que, probablemente, todos fuimos niños con mucha expresividad en algún momento, y estuvimos llenos de asombro, admiración y disposición para expresarnos con libertad. Todos podemos recuperar ese aspecto si decidimos que nos importa y si nos comprometemos a mantener la constancia en una práctica creativa.

Si bien los ingredientes para sostener la práctica creativa son simples, se necesita compromiso:

1. Descubre tus rutas de acceso a la creatividad. Se ha comprobado que es más probable que hagamos cosas creativas que estén a nuestro alcance, es decir, si tenemos lápices de colores y papeles en la mesa de la cocina o si dejamos la guitarra que queremos tocar junto al sofá.

2. Busca a una persona o un grupo con quien puedas jugar o compartir tu trabajo para mantener el compromiso.

3. Elige un horario fijo en el que puedas explorar tu lado creativo y que sea *inamovible*, ya sean cinco minutos al día para dibujar con tus hijos, una hora a la semana para hacer esculturas de arcilla con tus amigos, treinta minutos los martes y sábados para escribir poemas o hacer *collage* con tu pareja, tres horas a la semana para aprender a tocar un instrumento o cualquier otra forma de expresión creativa. Lo importante es que el tiempo para la creatividad sea *frecuente* y *sagrado*.

Tus elementos fuertes te proporcionan dones y desafíos en el área de la expresión creativa. Recurrir a tus elementos con menor expresión te puede ayudar a superar la resistencia y alcanzar el potencial expresivo que tienes. Y la mejor forma de incluir esos elementos más débiles es reunirte con personas que tengan en su naturaleza mucho de esos elementos que a ti te faltan.

Por ejemplo: mi buena amiga Silvia tiene muchas ideas ingeniosas que podría lanzar al mundo si no fuera por la influencia de la tierra de las personas en su entorno. Cat, mi amiga soñadora, siente tanta devoción y empatía por su expresión creativa que, a veces, necesita un poco de la realidad de la tierra para salir del mundo de la imaginación y de los sentimientos y ponerse en acción. Mi amiga Alina, que es completamente de tierra, se empantana hasta el cuello con detalles y funciones. Necesita jugar un poco con fuego para abordar su genio creativo con más alegría. Una persona creativa con fuego, como es mi caso, puede encender una fogata de creatividad sin pestañar, pero yo necesito la tierra de mis amigos para mantener el rumbo y terminar los proyectos que empiezo, y el agua de mis socios para recordar que otros podrían quemarse cuando enciendo la mecha de mis ideas.

ILUMINACIONES

¿Sabes qué signo astrológico tienes en la cúspide de tu Casa 5? Si es así, estos consejos te pueden ayudar a liberar el flujo creativo:

Aries: Todo o nada. Lánzate al proceso. Encuentra buenos aliados que se ocupen de corregir y organizar.

Tauro: Empieza con tus manos. Haz algo por el placer de moldear una idea.

Géminis: Escribe rápido o grábate vociferando. Usa una herramienta de dictado si no puedes dejar de moverte. Primero debes tener la voluntad de ver y probar cualquier disciplina.

Cáncer: Prepara tu lado creativo. Cocina con amigos. Premia los esfuerzos con platos deliciosos.

Leo: Finge. Simula. Ponte disfraces para crear el ambiente. Incluye a otros en las fantasías y juegos de rol que nacen de tus ideas imaginativas.

Virgo: Que *hacer* sea la prioridad, en lugar de hacerlo bien. Nunca juzgues el producto de tu creatividad. Enfócate en el volumen de trabajo en lugar de la perfección.

Libra: Dibuja, pinta o baila todos los días. Tu creatividad es una fuente de alegría para tu alma.

Escorpio: Considera hacer que lo feo y malo sea una expresión artística. Tu lado oscuro es tu fuerte.

Sagitario: Corre un kilómetro y luego siéntate a crear. Para ti, la libertad de crear es similar a la de viajar por el mundo. Cuando quieras escapar a otros lugares, puedes viajar con la imaginación.

Capricornio: Haz que la creatividad sea un logro en sí mismo. Si aprendes a expresarte creativamente sin motivos, encontrarás el camino a la relajación.

Acuario: Para ti, la amistad es un proceso creativo. Reúnete con amigos frecuentemente para realizar proyectos y eventos creativos.

Piscis: Tu vida soñada te ofrece un sinfín de ideas para que tu expresión sea gratificante. Haz un seguimiento de tus sueños y utilízalos para crear algo con cualquier medio.

Ejercicio: Atributos de la creatividad

Echa un vistazo a esta lista de atributos que pueden aparecer durante la expresión creativa. Luego:

1. Subraya tus maneras de acceder a tu lado creativo.
2. Marca con un círculo las maneras en que te gustaría acceder a tu lado creativo e identifica a las personas de tu vida que tienen ese don. (Puedes unirte a sus caminos creativos y aprender de ellos, o puedes estudiar cómo canalizar su método creativo cuando necesites más de lo que ellos tienen).
3. Tacha tus puntos de acceso a la creatividad poco hábiles y reconoce las señales que inducen a esas expresiones. (Por ejemplo: como tengo mucho fuego, cuando abarco demasiado, llego al punto de querer *quemarlo todo* porque estoy agotada. Sé que estoy acercándome a ese precipicio cuando empiezo a acumular resentimiento contra mis cocreadores, y he aprendido a tomar ese resentimiento como una señal de que necesito dar un paso atrás).

Fuego

Pasión	Impaciencia
Entusiasmo	Cansancio
Motivación	Impulsividad
Decisión	

Tierra

Firmeza	Bloqueo
Estabilidad	Terquedad
Dirección	Secretismo
Paciencia	

Aire

Inspiración	Dispersión
Vivacidad	Asfixia
Claridad	Distracción
Visión	

Agua

Inmersión	Agotamiento
Conexión	Pérdida
Afluencia	Oscuridad
Atención	

Atributos de la creatividad: Práctica

Si quieres más diversión y alegría, comprométete con la creatividad todos los días simplemente porque te permite acceder a tu ser optimista e infantil. Si dedicas cinco minutos al día a la creatividad libre y lúdica, sin importar en qué elemento te enfoques, aumentarás tu coeficiente de felicidad. ¿Por qué no empiezas ahora?

Amor y romance a través de los elementos

El quinto dominio es la fuente de la vitalidad. La creatividad y el amor son la clave para tener una vida llena de felicidad. Todos podemos crear y todos podemos amar. No debemos esperar a que alguien abra el grifo desde fuera. Si quieres más energía y vitalidad, comienza una práctica creativa. Si quieres amor en tu vida, demuestra más amor y afecto por los demás.

Este dominio también está relacionado con el amor romántico. Abordar el romance desde la perspectiva de los elementos nos ayudará a entender sus etapas naturales. Estas etapas no aparecen en un orden en particular, pero el amor eterno las atraviesa todas.

ETAPA UNO: FUEGO
Deseo y lujuria

Siempre se empieza por una chispa: una mirada, un gesto, una palabra, un perfume. Es como si, sin avisar, un ser humano dejara de ser un mortal más para convertirse en una deidad ante nuestros ojos. Como si, de repente, tuviera un aura enorme y luminosa a su alrededor. Donde antes veías colores apagados, ahora todo lo que rodea a esa persona se convierte en un panorama vibrante con un brillo intenso y alegre.

En esta fase, sientes que el eje de tu mundo ha cambiado. Te sobreviene una ola de motivación e inspiración. Quizás sientas un aturdimiento por la ensalada de neuroquímicos que el cerebro prepara en respuesta al destinatario de tu afecto. Con el entusiasmo y la excitación has pasado de la certeza y la estabilidad a la euforia de lo desconocido. No ves la hora de volver a estar con esa persona; no ves la hora de escuchar su voz. Todo comienza a movilizarse y organizarse alrededor de la posibilidad de encontrarte con el objeto de tu amor.

ETAPA DOS: TIERRA
Hacer de todo para tener buen aspecto ante el otro

Esta etapa es en la que dejas atrás la fantasía y te adentras en la experiencia real del amor y el romance. Todavía estás en la etapa inicial de la novedad y la inocencia, antes de saber si el sentimiento es mutuo; quizás empiezas a coquetear y halagar, guiñar el ojo o ladear la cabeza, o tenéis encuentros o motivos de conversación que son pura coincidencia. Empiezas a vestirte para tu amor y te sientes como un mortal que quiere enjoyarse para los encuentros divinos con ese dios o diosa que te ha conquistado y embelesado.

En esta fase, las personas quieren tener buen aspecto y sentirse lo mejor posible. El contacto con ese ser luminoso te eleva y te hace sentir que eres capaz de *todo*. Puedes levantarte y hacer ejercicio como nunca antes, puedes ser ocurrente e inteligente en una conversación, de repente puedes cocinar algo como si fueras un chef. Ese nuevo amor carga la batería de tu interés y te dura días. Cuando el coqueteo, los halagos y los regalos te llevan a expresar tus sentimientos, y ese sentimiento es mutuo, bueno... la velocidad tiende a aumentar.

ETAPA TRES: AGUA

Contacto y sentimientos profundos y apasionados

Ahora nos metemos de lleno en el amor idealizado. La increíble sensación de perfección, suerte y abundancia coincide con las fantasías sobre lo que esta conexión podría significar. Generalmente, en esta etapa se consuma la unión sexual, y todas las posibilidades de que se produzca un encuentro físico conmovedor, sensual, glorioso y explosivo se vuelven realidad. (Incluso si el acto físico no es muy bueno pero todos los otros factores se dan, se tiene la sensación de estar en manos del destino). Tu foco está puesto en lo más hondo de las profundidades del objeto de tu admiración. Es como si todo te hubiera llevado hasta ahí, con esa persona que te ama y que tú amas.

Si tienes suerte, pasarás una cantidad de tiempo considerable en esta etapa. Cuanto más te frustre la frecuencia con la que os podéis ver, más durará este periodo. La burbuja idealizada se mantiene, siempre y cuando no descubras que la otra persona es humana. Y, con el tiempo, es inevitable que llegue la siguiente fase...

ETAPA CUATRO: AIRE

Duda e inseguridad

En esta etapa del amor romántico se da rienda suelta a la mente, con todos sus miedos e inseguridades. Ambos comenzáis a ver al ser humano detrás de esa deidad tan deslumbrante y cautivadora. Esta fase *siempre* trae dudas y preguntas a la mente acerca de ti o de la otra persona. Pueden aparecer los celos o la desconfianza. En este punto, a las personas les preocupa mucho el futuro. *¿Hacia dónde estamos yendo?* Cuando alguien se cae de su pedestal —lo cual nos pasa a todos a la larga—, aparece la decepción.

No hay nada más intoxicante que ver o ser vistos como una deidad. Y cuando esos ideales desaparecen inevitablemente, sentimos mucho dolor emocional y decepción. Esto nos lleva a otra versión de la etapa de fuego.

ETAPA CINCO: RETORNO AL FUEGO
Lucha por el poder

Cuando hay dos personas de carne y hueso en lugar de deidades, no se puede superar todo con amor pletórico. Surgen conflictos relacionados con distintas necesidades, pretensiones, deseos y preocupaciones acerca del tiempo, el dinero y las responsabilidades compartidas. También surgen conflictos por la traición inevitable a la imagen idealizada que creamos del otro.

En esta etapa solemos decir «Antes… y *ahora*…» —por ejemplo: «Antes me cantabas apenas te levantabas cada mañana… y ahora solo me *gruñes*». O: «Antes me decías que yo era la única persona a quien querías tocar o abrazar, o con la que querías hacer el amor… ¿y ahora me dices que te atraen otras personas?». (Nota al margen: quienes digan que *nunca* les atrae otra persona que no sea su pareja están en las primeras tres etapas del amor romántico… o mienten). Las personas empiezan a llevar la cuenta. Comienzan a censurarse o reprimir sus emociones. El área de sentimientos se vuelve un campo minado en el que puede haber represión y (a veces) explosiones. Esto nos lleva a la siguiente etapa.

ETAPA SEIS: RETORNO A LA TIERRA
Abrir los ojos y poner manos a la obra

Cuando ya no están cegadas por el amor, las personas tienden a ser más realistas y a reflexionar: *¿Qué estamos haciendo? ¿Qué somos el uno* *para el otro? ¿Quién soy en esta relación? ¿Quién eres tú en esta relación?* Este es el momento empezar a examinar lo que cada uno *hace* en la relación y cuáles son sus valores. ¿Qué valores compartís y cuáles son diferentes? ¿Cuál es la solución para esas diferencias?

Al comenzar esta etapa de discernimiento, te das cuenta que las fases caracterizadas por la idealización no hacen una valoración acertada de una persona. Empiezas a observar en profundidad la realidad de pasar el tiempo con ese ser humano. Si tienes la capacidad, empezarás a gestionar mejor tus emociones y *hablarás* de tus sentimientos con valentía y vulnerabilidad, en lugar de reaccionar y lastimar.

Si logras pasar esta etapa, tendrás una idea más sólida sobre lo que es posible. Empezarás a planear el futuro, que traerá una versión evolucionada de la etapa de aire.

ETAPA SIETE: RETORNO AL AIRE
Compartir valores y planear el futuro

«¡Tengo una idea!», «Esta es *mi* idea». «He escuchado tu idea, ¡y podemos hacer que funcionen juntas!». Intencionadamente, se crean estructuras, rutinas y rituales que os definen como pareja o como dos personas enamoradas. Aquí es donde empiezas a generar un apego emocional más apasionado con los amigos y familiares del otro. Lo que antes era una pasión automática ahora requiere algunos cuidados. Debes decidir objetivamente que la intimidad sea una prioridad, y debes planearla.

Si atraviesas esta fase de comenzar un futuro juntos, avanzarás a la siguiente y última etapa, que podría decirse que es la más difícil para el alma, pero que aporta riqueza, crecimiento y profundidad a la conexión.

ETAPA OCHO: RETORNO AL AGUA
Compasión, perdón, vulnerabilidad y transparencia

No importa lo que hagas si el amor romántico ha alcanzado esta etapa, la pérdida y el trauma se vuelven parte del camino. Puede haber mucha desesperanza, sensaciones fuertes de tristeza o un reconocimiento de que la vida diaria, incluso con amor, está cargada de responsabilidades y adversidades complejas. A veces, eres tú quien tiene una noche oscura del alma, a veces es tu pareja. Cuando un ser humano atraviesa esta fase (y todos lo hacemos), la persona que está a su lado siente angustia. Sea quien sea que se sumerja en esas profundidades, ambas partes lo sienten con mucha intensidad. La pérdida y el trauma a veces traen aparejada una sensación de que eso es todo lo que hay, en lugar del futuro brillante, deslumbrante y perfecto que alguna vez viste en el horizonte.

Durante esta etapa, uno o ambos podéis descubrir que, en ese vínculo de amor romántico, necesitáis cierta autonomía y distancia para mantener una relación con vosotros mismos. Puede que necesitéis hacer ajustes para generar ese espacio. En las parejas que no quieren un poco de espacio para ellos mismos, este proceso puede traer confrontaciones y reabrir heridas viejas y profundas.

Aquí es donde la intimidad real se vuelve posible, la vulnerabilidad se vuelve más necesaria y cruda. Se debe aprender a depender del otro, pero no a ser dependiente o codependiente, sino que decir: «Oye, estoy sufriendo y te necesito», sea seguro y grato para cualquiera de los dos. (Otra nota al margen: *necesidad* no es solo una palabra de nueve letras. Es una palabra de poder y afirmación). Ambas partes podéis apoyaros en la calidez de una historia compartida —de la que siempre podéis evocar momentos que os recuerden por qué os elegisteis— para atravesar situaciones difíciles.

Si podéis aguantar todo eso, aprenderéis que una persona no puede serlo todo para la otra. ¡El amor romántico no es trabajo para uno solo! El amor de verdad necesita reflexión y respuesta de otras personas de confianza. Así, empiezas a comunicarte con otros y a integrar más a tu pareja en tu tribu sagrada (ver capítulo 11).

Cuando lográis atravesar el trauma y la pérdida, las traiciones y los inevitables rencores y sentimientos mezquinos, llegáis a un espacio en el que podéis compartir vuestras emociones auténticas en profundidad, basándoos en la confianza y la vulnerabilidad absoluta, y tener una resiliencia que surja de haber sobrevivido juntos a los tiempos difíciles. Sabéis que podéis contar con el otro y superar juntos lo que sea, y os habéis comprometido a escucharos con atención y entenderos. Sabéis que las piedras que encontréis en el camino no os robarán el amor eterno que tanto trabajo os ha costado construir y preservar. Mantenéis una llama de pasión estable, con respeto y deseo en partes iguales. Ya no tenéis esa necesidad instantánea de abalanzaros sobre el otro, pero sí un deseo ardiente de *hacer el amor* de verdad.

Las fases iniciales del amor y la lujuria románticos siempre son egoístas. Las impulsa la gigantesca necesidad de vernos reflejados y excitarnos. Para que ese amor romántico crezca y perdure, debe transformarse. Y la verdad es que, a medida que avanzas en las etapas, conservas las fortalezas de la relación amorosa: pasión (fuego), recursos y sistemas construidos en conjunto (tierra), visiones compartidas sobre el futuro y percepciones del presente (aire), y formas vulnerables, cariñosas y auténticas de conectar (agua).

Las historias reales sobre el quinto dominio: Amor romántico

Haymi es el hombre más encantador que puedas conocer: amigable, atractivo y exitoso. Pero no ha tenido buenas experiencias con el amor romántico porque siempre necesita encontrar algo nuevo. Es adicto a las primeras etapas, llenas de lujuria e idealización desenfrenadas. En cuanto la llama de la lujuria se convierte en algo parecido a la de una vela, empieza a sentirse desmotivado e ignorado. Como muchas personas, cree en el mito del amor romántico. Si la antorcha no está encendida todo el tiempo, entonces algo anda mal.

Muchos de mis clientes creían en ese mito. Los medios de comunicación, en gran parte, han representado el amor romántico como una llama eterna, sin dedicarle el mismo tiempo a mostrar todas las formas en que el vínculo se puede transformar y desarrollar. Las creencias limitadas y limitantes de Haymi sobre el amor lo han llevado, una y otra vez, a una desilusión total. En su carta natal, Venus en Aries, en conjunción con Júpiter, profundizan la tendencia a un amor grandioso e impulsivo. El calor nunca era suficiente. No toleraba ver que la persona a quien amaba era normal, ni tampoco *que su amor* lo viera a él de la misma manera. Siempre, en algún momento de la relación, se sentía vacío y abandonado, y creía que había llegado el momento de cambiar.

Las personas como Haymi tienen que aprender a bajar a la tierra. La mayoría de los que tienen una adicción al fuego —los que quieren que siempre sea excitante— tienen problemas con sus pies de barro. No quieren verse a ellos mismos y a los demás como mortales, y prefieren vivir en un mundo idealizado. En general, esto tiene que ver con el deseo de mantener a raya la sensación de vacío y la depresión, que son imposibles de sentir durante las etapas iniciales y apasionadas del nuevo amor. Mi trabajo con él se basó en ayudarlo a ver y apreciar lo exquisito que es el romance de la vida diaria, y reconocer que la pasión no siempre se define como una atracción irresistible. Sin embargo, para que Haymi pudiera integrar bien este conocimiento, tenía que enfrentarse al vacío y la depresión por su cuenta. Tendría que aceptar que, básicamente, se estaba automedicando con los neuroquímicos potentes de las primeras etapas del amor romántico, y tendría que saber que no los necesitaba para construir una relación íntima duradera de verdad.

Jane es muy buena en la parte de la tierra del amor romántico porque tiene Sol, Luna y ascendente en signos de tierra. Es extraordinaria para generar rituales y rutinas, para alimentar y cuidar. Prospera en atmósferas donde se intercambian regalos y quehaceres para demostrar amor, cariño y afecto. Lo que le falta es el elemento fuego. Cuando profundizamos en esto durante las sesiones, descubrió que su reticencia a experimentar su propio fuego tenía que ver con la vergüenza y el miedo: su forma de vivir la lujuria no encaja en el modelo convencional de la vida doméstica, y tiene algunos deseos prohibidos. También tiene miedo de que, si deja que su fuego se encienda, incurra de nuevo en algunas de las actividades sexuales de riesgo que practicaba cuando era joven.

Jane debe hablar con vulnerabilidad y franqueza con su pareja acerca de su falta de fuego. ¿Qué tipos de actividades pueden hacer juntos, que sean peligrosas y seguras, aventureras y fiables a la vez? ¿Cómo pueden descubrir lo que falta y evaluar formas de encender una llama que no sea destructiva?

El problema de Raquel pasa por su mente: tiene demasiado aire. Se pasa el día pensando, haciéndose preguntas y teniendo dudas neuróticas sobre el amor romántico, pero se niega a bajar a la tierra o encender el fuego. Para ella, eso implicaría quemarse o ahogarse, que son sus miedos más grandes. Se queda en las nubes, con Mercurio y Marte en Géminis, analizándolo todo desde lejos, observando que no le cuadra estar con esa persona o con la otra, y se pierde muchísimo la experiencia humana de enamorarse.

Pensemos en el significado de la palabra «enamorarse». Para entregarnos a otra persona como lo hacemos cuando nos enamoramos perdidamente, tenemos que asegurarnos que el ego, que nos controla, deje de ser el protagonista. Debemos permitirnos saltar a lo desconocido. Debemos estar dispuestos a hacernos daño. A propósito, dejamos a un lado la parte que más nos ata al suelo y nos permitimos arrojarnos a unas circunstancias en las que no podemos predecir los resultados, y en las que hay mucho en juego.

Raquel y yo hablamos sobre lo que esto significaba para ella. Pudo ver que, para confiar lo suficiente y entregarse al amor, debía trabajar mucho en su niña interior. Una parte muy joven de ella creía que, si se enamoraba de alguien, podría estrellarse y morir. Al superar eso, pudo aceptar que sí, podría salir herida si se arriesgaba, pero también podría acceder a una experiencia increíble y elemental del amor.

Marci se ahoga con tanta agua cuando empieza a salir con alguien. Tiene Luna en Cáncer y ascendente en Piscis, y su Sol en Virgo en cuadratura con el soñador Neptuno. Enseguida la invaden sentimientos románticos incurables e irremediables. No tiene la objetividad del aire, ni tampoco el rigor de la tierra, ni la pasión del fuego. No puede liberarse de la catarata de emociones. Desde el primer minuto en que empieza a salir con alguien, entra en un estado primitivo y necesitado, en el que se pregunta: «¿Me amas? ¿Me amarás? ¿Te importo algo?». No es extraño que eso resulte pesado para ella y su futura pareja. Sin la emoción del fuego, las rutinas diarias de la tierra para el amor romántico o la capacidad de ver con claridad lo que está sucediendo, da la impresión de que sus relaciones nunca despegan.

Marci necesita trabajar intensivamente en su manejo de las emociones mediante lo que se llama terapia cognitivo-conductual. Con esta perspectiva, aprenderá que los sentimientos no son profecías, y que, en su caso, los sentimientos profundos no surgen solo en determinadas situaciones. Ella siente mucho en todo momento, y no debe imponer todos esos sentimientos a sus futuras parejas. Llevar un diario y conversar con amigos de confianza la ayudarán a bajar la velocidad y a descubrir sus posibilidades románticas de manera más natural y equilibrada.

Ejercicio: Las etapas del amor

1. Encierra en un círculo las etapas del amor con las que más te identificas, o en las que más tiempo has pasado en tu vida amorosa.
2. Luego, haz un tic en las etapas con las que menos te identificas o en las que has pasado menos tiempo.
3. Si estás en una relación romántica, marca una X junto a la etapa en la que crees que te encuentras.

☐ Fuego, primera ronda: deseo y lujuria

☐ Tierra, primera ronda: hacer de todo para tener buen aspecto ante el otro

☐ Agua, primera ronda: contacto y sentimientos profundos y apasionados

☐ Aire, primera ronda: duda e inseguridad

☐ Fuego, segunda ronda: lucha por el poder

☐ Tierra, segunda ronda: abrir los ojos y poner manos a la obra

☐ Aire, segunda ronda: compartir valores y planear el futuro

☐ Agua, segunda ronda: compasión, perdón e intimidad

Romance y amor a través de los elementos: Práctica

Reflexiona sobre tus respuestas. Dedica un tiempo a escribir, conversar con alguien cercano o hacer arte sobre lo más importante que has aprendido.

¿Qué cuestiones ya dominas y conoces en cuanto a lo que se necesita para que el amor perdure (o para encontrar un amor nuevo si ahora no estás en una relación)? ¿Qué elementos te gustaría fortalecer y cuáles estarían llevando la batuta, pero no promueven el tipo de relación que buscas?

A partir de ahora...

No importa cuál sea tu situación romántica, puedes traer más amor del quinto elemento al mundo. Empieza por enviar correos electrónicos, cartas o mensajes de texto amorosos y expresivos a las personas que quieres. Incluye todos los elementos: permítete demostrar cariño de manera espontánea en tu vida diaria (fuego); haz actos de servicio concretos y con amor (tierra); comparte ideas positivas e historias inspiradoras (aire); e insiste en mostrar vulnerabilidad y cariño, y en dejar espacio para los sentimientos (agua). Cada vez que pienses, actúes, planifiques, hagas algo o sientas desde la creatividad y el amor, estás regando la tierra, lo cual nos hace bien a todos.

CAPÍTULO SEIS

┄┄┄┄ ✦ ┄┄┄┄

El sexto dominio:
Hábitos de salud

El sexto dominio abarca todos los hábitos y prácticas. Para tener una salud mental y un bienestar físico estelares, necesitamos tener hábitos positivos y prácticas consistentes que actualicen nuestros sistemas energéticos y actitudes. Todos tenemos algunos hábitos buenos, pero también repetimos hábitos negativos. Puede ser difícil mantener las costumbres en el tiempo. El éxito en el sexto dominio significa construir buenos hábitos hasta el punto en el que se atenúen los hábitos negativos, y adoptar las prácticas que se pueden realizar mientras nos apoyamos en los miembros de nuestra tribu sagrada (capítulo 11) como compañeros que nos ayudan a comprometernos.

El mundo que habitamos nos dificulta dedicar tiempo y energía a las prácticas de cuidado personal que la mayoría de nosotros necesitamos para ser nuestra mejor versión. Todos los días son una oportunidad para volver a empezar (fuego), cumplir nuestra palabra cuando decimos que haremos algo para mejorar nuestra salud (tierra), volver a inspirarnos (aire) y perdonarnos los errores del pasado y encontrar el apoyo emocional que nos ayudará a mantener los hábitos (agua). Recordatorio: eres humano.

Los hábitos saludables no son cuestión de perfeccionismo. Jamás tendrás una salud *perfecta;* aspira a estar lo más sano que puedas hoy.

Ten en cuenta que el autocuidado es un trabajo comunitario. Solo puedes llenar a otros cuando tú estás lleno.

ILUMINACIONES

La Casa 6 astrológica está regida por el signo de Virgo. Este signo refleja el aforismo «Dios está en los detalles». La Casa 6 nunca hace grandes promesas o generalizaciones radicales cuando hablamos de salud. Se enfoca en la atención diaria detallada que le damos a nuestro templo proverbial y los pequeños actos que hacemos por él.

A continuación, se detallan consejos para el signo de la Casa 6 con el fin de lograr hábitos saludables:

Aries: Asegúrate de comenzar el día con una rutina de ejercicios intensa, aunque dure solo diez minutos.

Tauro: El movimiento es esencial para tu bienestar. Si te mueves lo suficiente, puedes comer lo que amas. El sedentarismo es el enemigo de la salud.

Géminis: Deja de hablar sobre tu salud. Pídele a un amigo o amiga que te ayude a diario a ser responsable con los objetivos de tus hábitos de salud. Tendrás mejores resultados si tienes un compañero de entrenamiento/alimentación saludable.

Cáncer: Comprométete a comer alimentos de calidad. Presta especial atención a lo que bebes. Reduce el consumo de azúcar o elimínala de tu dieta.

Leo: Incluye algo de emoción a tu entrenamiento. Encuentra una manera divertida de ejercitarte y anima a otros para que participen contigo.

Virgo: Comienza el día con una práctica espiritual confiable y predecible. Nota cómo tu día transcurre siempre de mejor manera cuando comienzas con esta rutina.

Libra: Comienza siempre tu mañana con belleza y equilibrio. La clave de tu bienestar es una rutina tranquila. El trabajo excesivo o la falta de sueño se volverán en tu contra.

Escorpio: Enfócate en eliminar sentimientos tóxicos y la contaminación ambiental. Bebe agua cada hora. Cada vez que orines, imagina que la negatividad sale de tu cuerpo.

Sagitario: Las caminatas largas y las buenas conversaciones serán tus pilares. Participa de aventuras diarias a pie en las que estires las piernas y la mente.

Capricornio: Escalar es tu metáfora, pero necesitas tener rodillas sanas para continuar. Haz menos, pero hazlo con regularidad.

Acuario: Usa tu mente objetiva para establecer las metas de tus hábitos de salud; luego, reúnete con grupos de personas que ames para cumplir esas metas.

Piscis: Comienza cada mañana realizando visualizaciones guiadas sobre un día de salud ideal.

Haz una lista de hábitos corta que utilizarás todos los días. Por la noche, antes de dormir, marca las que hayas cumplido.

Ejercicio: Hábitos saludables y dañinos

Nuestra salud en general está determinada por intentos pequeños y constantes de elevar nuestros sistemas mentales y corporales. Cuando nos juzgamos por lo que hacemos o no hacemos, creamos resistencia y resentimiento. La aceptación es el movimiento que nos permite considerar el cambio con la mente abierta en lugar de un dedo acusador. Notarás que, debajo de cada elemento, los hábitos hábiles y no hábiles pueden aparecer como opuestos. Es un buen recordatorio de que, a veces, solo se necesita un cambio de actitud y comportamiento para avanzar en una mejor dirección. Marca aquellos hábitos que realizas con regularidad. Presta atención a cómo te sientes mientras sopesas cada hábito.

Fuego

☐ Bruxismo

☐ Comerse las uñas

☐ Pellizcarse la piel de los dedos

☐ Pellizcarse la piel de la cara

☐ Rascarse constantemente

☐ Ejercicio cardiovascular

☐ Movimientos expresivos

☐ Actividad divertida al aire libre

☐ Conducir muy rápido

☐ Romper cosas por descuido

☐ Gritar y patalear

☐ Golpear cosas

☐ Gestos atentos y espontáneos

☐ Actos valientes para proteger a otros del peligro

☐ Proezas temerarias

☐ Salir de fiesta de manera impulsiva y excesiva

☐ Rebelde

☐ Humor sarcástico

☐ Mirarse al espejo

 ### Tierra

☐ Quedarse despierto hasta tarde

☐ Levantarse tarde

☐ Ponerse protector solar

☐ Exponerse al sol sin protección

☐ Quedarse en casa y no hacer nada

☐ Comer muchas hojas verde oscuro

☐ Comer solo carbohidratos simples (comida compuesta prácticamente de harina y azúcar)

☐ Disfrutar de un bocadillo delicioso

☐ Comer azúcar en exceso y con regularidad

☐ Cocinar comida saludable y nutritiva

☐ Comer comida basura entre horas

☐ Llegar a tiempo

☐ Llegar tarde

☐ Cepillarse los dientes y usar hilo dental

☐ Lavar la ropa

☐ Usar ropa sucia

☐ Limpiar conscientemente

☐ Dejar que otras personas limpien tu desorden

〰️ Aire

☐ Hablar con claridad y con un propósito

☐ Interrumpir a otros y divagar

☐ Leer contenidos inspiradores

☐ Leer malas noticias obsesivamente

☐ Mirar contenido de entretenimiento enriquecedor

☐ Mirar programas de televisión de mala calidad en la cama

☐ Escuchar buenos pódcasts

☐ Escuchar música a un volumen que daña los oídos

☐ Tocar un instrumento musical

☐ Escribir un diario

☐ Leer para mejorar la memoria y la mente

☐ Leer prensa sensacionalista solo para distraerse

☐ Tener un momento de tranquilidad para la reflexión y la integración

☐ Mantenerse completamente ocupado

☐ Dar tu opinión

☐ Ocultar tu punto de vista

☐ Tropezarse con frecuencia porque la cabeza está en las nubes

☐ Fumar

☐ Aprender cosas nuevas a menudo

☐ Negarse a aprender cosas

☐ Mantener una promesa

☐ Incumplir una promesa

☐ Escribir notas de agradecimiento

☐ Olvidarse de agradecer los regalos recibidos

☐ Devolver llamadas inmediatamente

☐ Ignorar a las personas

☐ Leer y responder correos electrónicos

☐ No parar de mirar redes sociales

 ## Agua

☐ Beber agua con regularidad

☐ No beber suficiente agua

☐ Beber mucho café

☐ Beber mucho alcohol

☐ Animar a las personas con gratitud y elogios

☐ Cotillear con maldad a espaldas de las personas

☐ Preguntar a otras personas cómo ayudarlas

☐ Depender de los demás sin ofrecer ayuda

☐ Ceder el paso a otros conductores

☐ Adelantarse y conducir pegado a otros automóviles

☐ Prestar atención cuando otros hablan y asegurarse de que escuchen a todos

☐ Hablar de más sin preocuparse de que no escuchen a otros

☐ Aceptar tus sentimientos

☐ Negar tus sentimientos

☐ Consumir sustancias con fines espirituales

☐ Consumir sustancias para escapar de la responsabilidad

☐ Trabajar para recibir perdón

☐ Aferrarse a la culpa y el resentimiento

Hábitos saludables y perjudiciales: Práctica

Reflexiona sobre las opciones que has seleccionado en el ejercicio. ¿En qué elemento has marcado más opciones? ¿De qué elemento puedes quitar opciones para generar un equilibrio? No te preocupes demasiado por los hábitos perjudiciales, enfócate en tus fortalezas. La psicología positiva ha demostrado que, cuando usamos nuestras fortalezas con mayor conciencia, podemos mejorar algunas de nuestras debilidades. Por ejemplo, mientras más tiempo paso meditando y haciendo ejercicio, menos cantidad de azúcar quiero comer.

Dedica tiempo a conversar, escribir o hacer arte con respecto a los sentimientos que han surgido cuando has reconocido los hábitos que ya tienes. No planifiques cambios aún ni te castigues por tus hábitos perjudiciales. Evita llegar a soluciones apresuradas para reparar tu estilo de vida y convertirte en un modelo de salud basada en zumos verdes. En cambio, permítete sentir orgullo y alegría por tus hábitos actuales que son saludables y útiles. Recuerda que optar por hábitos más saludables es la clave para hacer que los hábitos menos saludables sean menos tentadores.

Una vez que tengas claros tus hábitos actuales y su impacto, revisa la siguiente lista de maneras para mejorar la salud. Escoge algunos hábitos nuevos para crear un mejor equilibrio: elige una cosa de la lista de cada elemento que todavía no realizas habitualmente y comprométete a hacerla durante treinta días junto con un compañero o amigo de salud que elijas.

ILUMINACIONES

Conocer el equilibrio de los elementos de tu carta natal puede ayudarte a elegir los mejores hábitos y prácticas posibles para lograr un mejor cuidado personal:

☐ Si tu carta natal tiene muchos planetas en signos de agua, enfócate en aumentar la energía con hábitos de fuego.

☐ Si tienes muchos planetas en signos activos, impulsivos y de fuego, considera incorporar hábitos más tranquilos y de tierra para equilibrar tu régimen.

☐ Si tu carta tiene mucha energía de tierra, eleva tu mente con más hábitos de aire.

☐ Si tienes una preponderancia de planetas en los estimulantes signos de aire, aférrate a algunas prácticas de tierra que te obliguen a tener los pies en el suelo y relájate con algunos hábitos de agua.

 Fuego

Ejercicio cardiovascular habitual

Aventuras a pie

Expresiones creativas orientadas a la acción, como cantar, bailar, hacer teatro o improvisación

Deportes grupales

Artes marciales

Cualquier actividad que te haga reír a carcajadas

 Tierra

Yoga

Qigong

Masajes

Comer verduras en todas las comidas

Jardinería

Pasar tiempo en la naturaleza

Un ritual completo de higiene/aseo

Un ritual completo de cuidado de la piel

Cuidar animales

Aire

Lecturas inspiradoras

Escuchar conversaciones esperanzadoras

Escribir un diario

Estudiar

Terapia conversacional

Formar parte de una actividad grupal importante

Respiración

Agua

Tomar un baño relajante

Nadar

Soñar despierto

Beber tres litros de agua al día

Trabajo de liberación emocional profunda

Diario de sueños

Descanso adecuado

·· ✦ ··

Historias verdaderas de transformación: Hábitos y prácticas

Jewel tiene Sol en Géminis y Venus en Acuario en la Casa 6 y le encanta fumar cigarrillo electrónico. Fumaba todos los días para relajarse después del trabajo. Sin embargo, comenzó a sentir que no podía relajarse sin fumar. Cuando se dio cuenta de que el cigarrillo electrónico era su único recordatorio para respirar profunda y conscientemente, notó que lo que le faltaba en su vida era respirar. Después de una clase de respiración en Internet y treinta días de práctica, se percató de que dependía menos del cigarrillo electrónico. No lo dejó del todo, pero lo usaba menos. Jewel estaba feliz de despertarse todas las mañanas sin una leve voz ronca y se sentía menos preocupada por su salud respiratoria a largo plazo.

Con tan solo treinta y dos años, Parker, que tiene Sol en Tauro en la Casa 6 y Luna y Venus en Virgo, sufría de todo tipo de dolores. En los últimos años, cada vez se movía menos y culpaba de su sedentarismo a la rutina laboral. Su amiga Paulina, que era Leo, le pidió que la acompañara a una clase de desafío al amanecer, la cual reunía a un pequeño grupo de personas comprometidas a un entrenamiento diario por intervalos de alta intensidad de 6 a 7 de la mañana. El grupo también trabajaba en equipo para incorporar hábitos alimenticios más saludables. No era económico, pero el líder de la clase prometió un rembolso del precio total a quien no estuviera completamente satisfecho después de tres meses. Parker se animó. Después de los tres meses, se sentía diez años más joven y comenzó a salir con alguien que había conocido en la clase.

Liz, con Luna en Cáncer en Casa 6 y un Sol en Piscis hipersensible, creía que su espíritu no estaba en equilibrio. Vivía su vida con normalidad, pero sentía que faltaba una pieza: caía en pozos de depresión y desesperanza con facilidad. Lo que Liz necesitaba en realidad era una conexión con una fuente de sentido más grande. Le sugerí que aprendiera a practicar qigong, que le daría una sensación de ser abrazada cariñosamente por el universo. Liz comenzó a practicarlo por su cuenta durante una semana y, luego, se inscribió en un grupo de almas de todo el mundo para practicarlo en línea dos veces por semana. Me comentó que, con el tiempo, sintió más vitalidad y motivación solo por incorporar esta práctica a su vida. Aunque, en teoría, su vida era la misma, esta nueva práctica la ayudó a sentirse conectada y fortalecida espiritualmente.

Tami tiene Sol en conjunción con Marte en Aries en Casa 6. Sufría ataques de ira con su pareja. Se alteraba con facilidad y explotaba de furia. No hallaba la forma de calmarse, aunque el daño de su rabia afectaba a su relación y a sus hijos. Le sugerí que invirtiera en diez sesiones de terapia para el trauma aplicando un método llamado EMDR (Eye Movement Desensitization and Reprocessing, una técnica de tratamiento psicológico mediante una desensibilización y reprocesamiento por medio de movimientos oculares o estimulación bilateral) para llegar al origen de su explosivo temperamento. En estas sesiones, Tami indagó en la desesperanza y la vulnerabilidad que sintió de niña debido a un padre tirano. Comenzó a desenredar su odio hacia ese comportamiento y las maneras en que ella misma actuaba para sentirse más poderosa. Trabajó con su terapeuta para construir hábitos y prácticas cognitivos y psicológicos para apagar la mecha antes de que explote la bomba.

Los hábitos pueden parecer insignificantes, pero conforman una gran parte de las maneras en que nos comportamos e interactuamos. En realidad, cada uno de nosotros es un conjunto de hábitos fuertes y débiles. Podemos hacer algo con respecto a las cosas que queremos cambiar; ningún hábito es irrompible o inalcanzable. Cuando nos enfadamos por los malos hábitos de alguien, podemos redireccionar nuestro enfoque y prestar atención a los hábitos que tenemos y nos gustaría cambiar o transformar. Las recompensas por tener hábitos y prácticas saludables son la energía y la salud que necesitamos para cumplir nuestros sueños.

Permite que el equilibrio natural de los elementos te brinde apoyo en este viaje. Tener mucho fuego significa que puedes comenzar el día con una llama de deseo por una salud mejor. Mucha tierra significa que ya puedes hacer lo que te has propuesto, sin excusas. Mucho aire significa que eres capaz de prestar mucha atención a las ideas y las palabras que te pueden motivar a tener una muy buena salud. Mucha agua significa que tienes talento para conectar de manera profunda con otros que tienen lo que necesitas y que pueden brindarte amor e intimidad, que es el aspecto más vital de una vida saludable y pena, como está demostrando la ciencia.

CAPÍTULO SIETE

✦

El séptimo dominio:
El mapa del apoyo

Que alguien te ame profundamente te da fuerza, mientras que
amar a alguien profundamente te da coraje.

—Lao Tzu (SEGURAMENTE TENÍA SOL EN LEO CON LUNA EN PISCIS)

La soledad y el aislamiento social representan un serio riesgo para
nuestra salud. Estas dos situaciones son muy comunes en nuestra sociedad actual, y en este capítulo, hay soluciones.

Lo primero en lo que nos enfocaremos en este dominio es en
comprender qué tipo de ayuda necesitamos y ser explícitos al respecto.
Cuando conocemos nuestro "lenguaje de apoyo" y nos tomamos un
tiempo para descubrir el de las personas importantes de nuestra vida,
evitamos el drama y la dificultad que suelen aparecer cuando no logran
satisfacer nuestras necesidades.

En segundo lugar, nos enfocaremos es las maneras de cultivar
los atributos que más admiras en otros, como potenciales recursos
sin explotar. Solemos desear las cualidades que creemos que tienen
otros, pero no vemos lo que tenemos ni que podemos desarrollarlos
y expresarlos. Hay un dicho: «Si lo ves, lo tienes». Si puedes verlo
en alguien, existe en ti, y no dependes de la otra persona para incor-
porarlos. Aprovechar todos los elementos para desarrollar estas

cualidades tan deseadas en ti fortalecerá tus relaciones interpersonales y te ayudará a encarnar plenamente la realización de tu ser.

¿Cuál es tu idioma de la ayuda?

Una de las mejores maneras en las que podemos sentirnos conectados con otros es dar y recibir ayuda. He conocido a muchas personas que creen fervientemente que necesitar a otros, incluso a las personas más cercanas, es un signo de debilidad, y que es una molestia apoyarse en otros. Piensan lo siguiente: *Si fuese capaz, fuerte e inteligente, resolvería mis problemas y no molestaría a otros ni dependería de su ayuda.* (A menudo, estas personas quieren que otros cuenten con ellos porque creen que ser buena persona es ayudar a otros). La mayor parte de mi trabajo como astróloga y mentora psicológica se reduce a remarcar que todos necesitamos ayuda y que ser capaces de pedirla a las personas que queremos no es una debilidad: es un signo de fortaleza y sabiduría y es la clave del bienestar y la felicidad para toda vida.

No siempre está claro para nosotros ni los demás qué aspecto tiene o cómo te hace sentir la ayuda genuina. Podemos aprender sobre nuestro lenguaje del amor y el de los demás mediante libros y artículos de autoayuda, pero eso no alcanza para abarcar la profundidad y la amplitud de las maneras en que podemos ayudar de verdad a nuestros amigos, familia y compañeros de trabajo o a nuestras parejas. Cuando hayamos establecido lo que llamo "tribu sagrada" (más al respecto en el Capítulo 11), sigue siendo nuestra tarea descubrir cómo nos hace sentir recibir su ayuda y desarrollar un lenguaje de apoyo que nos permita pedir cosas como parte de nuestra conexión interdependiente.

Les he pedido a muchos de mis clientes que me expliquen cómo se sienten más ayudados por los demás. Durante nuestras conversaciones sobre su lenguaje de apoyo, he descubierto que la mayoría de las personas nunca han pensado realmente en el tema. Sin duda, no habían comunicado esas necesidades a su tribu más cercana y no sabían con exactitud lo que necesitaban los miembros de su tribu para sentirse ayudados. Con el fin de ayudarlos a identificar su lenguaje de apoyo, les hice pensar en situaciones en las que sintieron que *no* los apoyaron. Afirmaron sentirse menos apoyados cuando otros:

Minimizan sus sentimientos

Los interrumpen cuando están hablando

Los juzgan injustamente o los critican con severidad

Se sienten observados cuando están hablando

Dudan de ellos o los desautorizan

Se comparan con ellos

Chismorrean y menosprecian a otros (porque saben que, si lo hacen con otros, probablemente hablen mal sobre ellos también)

Hablan sobre ellos a escondidas

No les dicen lo que necesitan o esperan de ellos

No los reconocen

De esta lista, parece evidente que lo que las personas más quieren es ser comprendidas y motivadas. Más allá de esta necesidad fundamental, el tema es más complejo. Cada uno tiene un mapa muy específico acerca de lo que experimenta como apoyo; no es universal. Podríamos asumir que, si alguien nos ama, sabrá lo que necesitamos, o podríamos pensar que otros quieren el mismo tipo de apoyo que nosotros. Estas dos conjeturas fracasan de modos simples y más complejos.

Los cuatro elementos resultan ser maneras maravillosas de comprender las distintas necesidades de apoyo. Mediante el análisis de las cualidades de los cuatro elementos y al reconocerte en ellas, puedes comenzar a tener un tipo de lenguaje de apoyo y una forma de comunicarte más claros. Si tienes el predominio de un elemento, notarás que tu lenguaje de apoyo se refleja casi perfectamente en su categoría. O notarás que tu lenguaje de apoyo se divide en muchas categorías. Analiza con cuál de estos te identificas cuando quieres o necesitas apoyo.

Fuego

El apoyo se expresa mediante la acción y las demostraciones audaces.

Muéstramelo en lugar de decirlo. Tráeme comida, flores y tarjetas de regalos para experiencias.

Ven si dices que lo harás. Sé una persona en la que puedo confiar que estará para mí en el momento acordado.

Sé sincero o sincera conmigo. Comparte tus sentimientos auténticos con honestidad y consideración.

Celebra conmigo con entusiasmo. Reconoce mis logros.

Tierra

El apoyo se expresa mediante el esfuerzo constante.

Cumple con los quehaceres, grandes o pequeños. No esperes que te lo pidan ni dependas de que otros te animen.

Dame herramientas y regalos elegidos conscientemente. Piensa en algo que podrías darme y que apoyaría mis esfuerzos.

Ten tranquilidad, paciencia y tolerancia. Escucha con atención y no te apresures en socorrerme cuando necesito descargarme o trabajar para resolver mis problemas.

Sé confiable y constante. Necesito contar con tu afecto y tus acciones.

Aire

El apoyo se expresa mediante la comunicación.

Dime palabras de afirmación y reconocimiento con frecuencia. Tus palabras me nutren y me alientan.

Ten una curiosidad activa acerca de mí. Interésate en mis creencias, pensamientos e ideas y hazme buenas preguntas de seguimiento.

Cuando me enfado, por favor, respira profundo conmigo. Esto me ayuda a encontrar mi centro.

Prepárate a estar en desacuerdo conmigo de una manera respetuosa.
Siempre busca las cosas que tenemos en común.

Agua

El apoyo se expresa mediante el sentimiento genuino.

Sé un lugar seguro para que comparta mis sentimientos y sensibilidades
más profundos. Reconoce que tengo emociones grandes que, a veces,
me abruman.

Trata mis asuntos con empatía y compasión. Valida mis preocupaciones.

Debes estar presente y prestando atención cuando estás a mi lado.
Priorízame cuando estamos juntos.

Sé comprensivo.

Confía en que estaré bien incluso cuando sea un momento oscuro. Dame
espacio.

Ten en cuenta que tus necesidades de apoyo pueden ser diferentes
en distintos escenarios y con otras personas. Por ejemplo, en mi pareja,
siento apoyo cuando me dice palabras de ánimo consistentes y se sorprende con mis ideas creativas; en este caso, mi perfil de apoyo recae
prácticamente en el elemento de aire. Mi pareja siente apoyo cuando
hago muchos quehaceres sin quejarme y sin necesitar reconocimiento:
un tipo de apoyo de tierra. Cuando las dos recordamos priorizar estas
necesidades de apoyo, nos sentimos alentadas y amadas.

En el trabajo, mis necesidades de apoyo son diferentes: tienen más
que ver con los elementos tierra y fuego. Necesito que las personas
sean directas conmigo con respecto a sus necesidades, deseos y grati-
tudes. Mi Luna está en Tauro en Casa 6, por lo tanto, mi vida laboral
diaria tiene que ser emocionalmente gratificante y muy práctica. Mi
Casa 1 tiene Saturno y Marte en Sagitario, lo que significa que suelo
ser la figura de autoridad y tenacidad en el trabajo con respecto a
asuntos de integridad y cumplimiento de acuerdos.

La clave es encontrar lo que necesitan otros miembros de nuestra
tribu y ofrecer nuestro mayor esfuerzo para satisfacerlo. Esta es una de

las formas en que amamos. No es difícil apoyar a alguien cuando sabes lo que le importa, y no hay nada más satisfactorio que tu apoyo sea bien recibido.

Ninguno de nosotros debería tener que saber cómo apoyar a otro a menos que esa persona nos haya dicho lo que necesita. Cuando quitamos la presión de adivinar o leer mentes, podemos tener una comunicación clara sobre cómo es el apoyo efectivo para nosotros y para los demás, y nos convertimos en personas mucho más eficaces para apoyarnos y cuidarnos entre nosotros. Tener conversaciones honestas y claras sobre los lenguajes de apoyo nos ayuda a superar el drama y la dificultad que pueden aparecer cuando las personas que tienen necesidades de apoyo diferentes esperan que los demás *simplemente sepan lo que necesitan* y, luego, se enfadan o entran en modo víctima cuando no pueden satisfacer esas necesidades.

Tu lenguaje de apoyo: Práctica

Siéntate con tu tribu cercana para analizar las necesidades de apoyo en cada elemento. Tómate tu tiempo para conversar juntos acerca de cómo preferirías que te brinden apoyo. Comparte tus necesidades de la manera más clara que puedas y registra las necesidades de tu tribu lo mejor que puedas. Comprométete a hacer todo lo posible para satisfacer las necesidades de todos y prepárate para dar y recibir recordatorios cuando tú o ellos no cumpláis con las expectativas.

Dueño de tus proyecciones

En psicología, se suele definir la *proyección* como la práctica de desconocer los atributos negativos de nuestra personalidad y, a la vez, verlos claramente en otros. En algunos casos, demonizamos a los demás por tener esos atributos. La persona que señala con un dedo acusador los deseos, las decisiones o los comportamientos de otros casi siempre esconde esos deseos o la tendencia a tomar esas decisiones o tener los mismos comportamientos. Este problema del séptimo dominio también es una oportunidad, ya que existe algo llamado proyección *positiva*, mediante la cual proyectamos atributos deseables y admirables que nosotros poseemos —y queremos despertar— en otras personas. Controlar el séptimo dominio significa observar nuestras proyecciones positivas y reclamarlas como atributos que deseamos desarrollar en nosotros.

Considera los atributos que buscas en otros. ¿Qué características te atraen como un insecto a la luz? ¿Son atributos de fuego como la osadía, el magnetismo o la habilidad de hacer muchísimas tareas en un día cualquiera? ¿Son atributos de tierra como ser organizado, sensato o tener muchos recursos? ¿Son atributos de aire como la inteligencia abstracta o las visiones inspiradoras de lo que es posible? ¿O atributos de agua como las habilidades psíquicas, la capacidad de una profunda empatía o la intensidad emocional?

Estos atributos que deseas expresar y encarnar, y que tiendes a proyectar en otros, seguramente reflejan el signo astrológico que está en la cúspide de tu Casa 7, un lugar de tu carta natal conocido como el *descendente* (se encuentra opuesto al *ascendente,* al otro lado de la carta natal). Desarrollar relaciones maduras de verdad requiere adueñarse de estos atributos en lugar de depender de que los demás los tengan.

Por ejemplo: si tienes a Capricornio en la cúspide de tu Casa 7, puede que tiendas a buscar personas que rebosan de cualidades capricornianas como la diligencia, el éxito, el estatus y la autoridad. Puedes pasar mucho tiempo de tu vida viéndolos como fortalezas personales que posiblemente no podrías poseer. Incluso podrías casarte con alguien que tenga Sol en Capricornio, con la esperanza de que, en algún nivel, estar con esa persona te traspase esas cualidades por ósmosis.

Una mujer que conozco y cuya Casa 7 está regida por Capricornio hizo exactamente eso: se casó con su compañero capricorniano de la universidad porque ya era el presidente de muchas organizaciones y estaba especializado en negocios. Veinticinco años más tarde y tres hermosos hijos después, hoy se queja de que su marido es una persona fría y distante, desconectada de sus sentimientos, y de lo mal que se siente por no haber tenido nunca un trabajo. Se enfrenta al nido vacío con temor. Ahora debe afrontar cómo contrató psicológicamente a su pareja para que hiciera todo el trabajo pesado para proveer a la familia, y cómo descuidó sus habilidades para estar en el mundo exterior y sentirse útil.

Otra amiga, con Sol en Capricornio y Casa 7 regida por Acuario, idealiza a otras personas que consideraba raras, sin complejos y visionarias innatas. Se autopercibía como una persona práctica y demasiado trabajadora, reticente a agitar las aguas o a desilusionar a alguien; se preocupaba de verdad por la impresión que los demás tenían de ella, y temía izar cualquier tipo de bandera anormal o poner energía en sus visiones únicas del mundo. Al mismo tiempo, estaba infinitamente fascinada por los individualistas extravagantes que parecían capaces de expresarse con alegría y hablar el idioma de la posibilidad. A mediana edad, se dio cuenta de que *tenía* la capacidad de visualizar y soñar y que, más allá de las limitaciones de su identidad capricorniana, tenía algunas rarezas profundas para expresarse a su manera... Entonces, comenzó a experimentar con estilos de vida alternativos, moda poco convencional, cortes de cabello provocadores y proyectos visionarios que ella misma diseñó. A pesar de que ese florecimiento ha sido emocionante para ella, está triste por haber pasado tantos años de su vida ocultando su talento, ya que pensaba que solo le correspondía a otros y no a ella.

La clave: cada vez que, inconscientemente, le otorgamos a otra persona una parte de nosotros mismos, terminamos pagando el precio porque no nos sentimos plenamente expresados. Cuando rechazamos cualquiera de nuestras posibilidades expresivas inherentes y las asignamos a otros, también tendemos a expresar los lados sombríos de esas posibilidades.

ILUMINACIONES

Saber el signo de tu descendente te puede guiar cuando estos lados oscuros aparezcan como expresiones poco hábiles de ese signo:

Signo en la cúspide de tu Casa 7	Expresión poco hábil
Aries	Buscas confianza audaz y emprendedora en otros; luego comienzas a considerarlos mandones, inmaduros e imprudentes.
Tauro	Buscas solidez, estabilidad y dependencia en otros; luego, te irrita que comiencen a parecer aburridos, obstinados y egoístas.
Géminis	Buscas pensadores extremadamente verbales, curiosos y versátiles; luego, los juzgas cuando abarcan mucho y aprietan poco.
Cáncer	Buscas personas hipersensibles y maternales que priorizan la familia; luego, miras con desdén su excesivo involucramiento y codependencia familiar.
Leo	Buscas personalidades muy coloridas y teatrales que exuden diversión; luego, criticas que son egocéntricos e infantiles.
Virgo	Buscas personas perfeccionistas y serviciales; luego, despóticas porque son conservadoras y responsables.
Libra	Buscas personas que sean equilibradas, gentiles y atentas; luego, te molesta cuando comienzan a ser indecisas y vanidosas.

Escorpio	Te atraen las personas con intensidad, impulso y profundidad; luego, te ofendes por sus cambios de humor y sed de poder.
Sagitario	Te atraen las personas que hablan y dan su opinión y les gusta explorar nuevos horizontes; luego, comienzas a considerarlos sabihondos que, en realidad, no escuchan tus opiniones.
Capricornio	Buscas personas realizadas y que tienen un estatus social alto; luego, sientes que te abandonan emocionalmente y que no les importas.
Acuario	Buscas personas abiertas de mente y centradas en la comunidad; luego, te quejas porque aman más al mundo que a ti.
Piscis	Buscas soñadores, artistas o musas que desborden sentimientos; luego, sientes que los llevas en los hombros y que son una carga.

Dueño de tus proyecciones: Práctica

Observa la lista de proyecciones en el anterior recuadro de Iluminaciones. Sin importar el signo que se encuentre en la cúspide de tu Casa 7, selecciona dos signos que representen lo que sueles proyectar en otros. Presta especial atención a los dos conjuntos de características que tiendes a pedir que tengan los demás. Anota los nombres de las personas a las que otorgas estos atributos y tómate tu tiempo para registrar, conversar o hacer arte acerca del precio de esta proyección.

Por ejemplo: yo elegiría a Cáncer y Leo porque suelo proyectar mis atributos de vínculo familiar y mi lado teatral y egocéntrico en otros. Critico a otras personas por parecer demasiado involucradas con la familia y, a veces, mi familia se siente desatendida y no amada ya que parece que formo vínculos con mayor facilidad con mis amigos. Suelo retraerme cuando esperan que me convierta en el foco de atención, y esto puede significar no correr el riesgo de exponerme a compromisos que podrían ser gratificantes.

Una vez que hayas identificado dónde proyectas estas características en otros, analiza qué elementos son. Comienza por pensar en cómo integrarías conscientemente estos elementos y atributos en tus relaciones interpersonales. Por ejemplo: Cáncer es un signo de agua. Mi hábito de proyectar atributos cancerianos en otros puede recordarme que exprese más sentimientos profundos sobre mi amor y compromiso con mi familia. Leo es un signo de fuego; cuando me encuentro pensando: *esa oportunidad de brillar no es para mí, es para otra persona*, puedo recordar lo mucho que disfruto compartiendo mis talentos públicamente y ¡elegir animarme!

A partir de ahora...

El trabajo del séptimo dominio es comprender el tipo de apoyo que necesitas y ser explícitos al respecto. También se trata de conocer los atributos que más admiramos en otros como recursos potenciales sin explotar en nosotros mismos. Trabajar en estas dos áreas te prepara para lograr la máxima satisfacción en tus relaciones interpersonales.

Todos estamos compuestos de equilibrios únicos de energías de fuego, tierra, aire y agua. Todos tenemos los cuatro elementos. Mantener relaciones sanas, dinámicas y comprensivas significa mantenerse despiertos frente a la expresión de los cuatro elementos de nuestras relaciones:

Fuego: Dinámico, carismático, seguro, valiente
Tierra: Realista, práctico, trabajador, ayuda manifiesta
Aire: Animado, inteligente, curioso, visionario

Agua: Empático, amable, alimenta sentimientos y sueños

Cada vez que nos permitimos pedir ayuda y dar apoyo voluntariamente de las maneras en que lo quieren los demás, ayudamos a erradicar la soledad y el aislamiento del mundo. Y cada vez que elegimos ver y cultivar un atributo que solo otros nos pueden aportar, completamos un poco más el mundo y nos completamos a nosotros mismos.

CAPÍTULO OCHO

$$\cdots\!\!\!\!+\!\!\!\!\cdots$$

El octavo dominio:
Intimidad y sexo

¡Cuidado! Entramos en el octavo dominio de la experiencia... y hace *mucho calor* aquí.

La Casa 8 de la astrología corresponde al sexo, la muerte y los recursos compartidos. Estas áreas tienen una intensidad en común: el deseo de estar vivos, conectados y comprometidos profundamente. Esta casa está regida por el planeta transformador Plutón. Nos transformamos mediante el sexo, la muerte y uniendo nuestros recursos con los de otros. Para los propósitos de este libro, y dentro del octavo dominio, nos enfocaremos en el sexo.

No hay nada más poderoso y específico de los humanos que la sexualidad. Es sorprendente que, en nuestros cuerpos animales, podamos experimentar placeres tan extremos con otros y con nosotros mismos; sin embargo, a diferencia de los animales, lo más espectacular es que podamos experimentar estas sensaciones y ser conscientes de ellas al mismo tiempo. Simultáneamente, podemos ser participantes eufóricos y testigos entusiastas.

ILUMINACIONES

Marte es el viejo regente de la Casa 8. Algunos dicen que Plutón, que fue descubierto en 1930, es el «padre» de Marte. Plutón es un hombre severo que rige el inframundo y todo el drama terrenal de la vida y la muerte. Gobierna en la transformación, la muerte y el renacimiento (como el orgasmo) y en la fascinante intensidad del poder y la emoción en bruto. Marte refleja la naturaleza innata y la agresividad primitiva que se necesita para comenzar las relaciones sexuales.

Escorpio es el signo asociado a la Casa 8. La esencia de esta casa es penetrar los profundos misterios de la vida para experimentar la inmortalidad. Los planetas en tu Casa 8 te brindan un conocimiento en las áreas de la vida en las que morirás y renacerás muchas veces. También te indican los lugares en los que tendrás que trabajar a través de humillación tóxica, debido a que nuestra cultura ha desterrado muchas emociones difíciles a la zona de represión.

Por ejemplo: si tienes Luna en Casa 8, probablemente sufrirás, en ocasiones, pérdidas emocionales intensas y experimentarás sentimientos profundos de odio, envidia y celos. Tu tendencia será esconder esos sentimientos profundos y oscuros y querrás morir de vergüenza simbólicamente. El movimiento saludable principal para la Luna en Casa 8 es buscar con valentía una persona segura con la cual trabajar: un guía experto que pueda atravesar contigo episodios emocionales terribles hasta llegar a un nuevo y brillante sentimiento de invencibilidad emocional.

La sexualidad —nuestras preferencias, propensiones y experiencias, las cosas que hacemos, las que *nunca* haríamos, la manera en que nos sentimos acerca de las cosas que hemos hecho y jamás haremos, las cosas que nos excitan y nos desagradan, cuán discretos somos acerca de nosotros mismos como seres sexuales, las maneras en que nos sentimos atraídos sexualmente y atraemos a otros, y las maneras en que pensamos, hablamos y reflexionamos sobre estos temas— es una parte extraordinariamente importante de nuestra individualidad que resuena con muchas otras partes de nosotros. Echar una mirada honesta al ser sexual es un paso valioso para vivir una vida extraordinaria y plena.

Ejercicio: Entrar en calor

Cuando completes estos ejercicios, hazlo con la mayor honestidad posible. Permítete ser consciente de tus preferencias sin juzgar. Marca todas tus preferencias.

Fuego

- ☐ Me gusta empezar.
- ☐ Me gusta dominar.
- ☐ Me gusta ser espontáneo.
- ☐ Me gusta usar juguetes.
- ☐ Me gusta usar disfraces.
- ☐ Me gusta hacerlo vigorosamente.
- ☐ Me gustan las relaciones sexuales rápidas.
- ☐ Me gusta que las relaciones sean aventureras.

Tierra

- ☐ Me gusta ir despacio.
- ☐ Me gusta durar.
- ☐ Me gusta que me toquen por todas partes.
- ☐ Me gusta hacer el amor en un ambiente hermoso.
- ☐ Me gusta planificarlo.

☐ Me gusta de ciertas maneras en ciertos momentos.

☐ Me gusta abrazar y acurrucarme antes y después.

Aire

☐ Me gusta hablar sobre el tema.

☐ Me gusta hablar de sexo.

☐ Me excita la mente de mi pareja.

☐ Me gusta ser pervertido/a.

☐ Me gusta romper las reglas.

☐ Me gusta asegurarme de que termines.

☐ Me gusta la literatura erótica.

Agua

☐ Me gusta sentirte cerca.

☐ Me gusta expresar mis sentimientos contigo.

☐ Me gusta sentirme sumamente conectado/a.

☐ Me gusta mirar tu alma.

☐ Me gusta sentirme unido/a.

☐ Me gusta llorar antes y después.

☐ Me gusta sentirme muy seguro/a emocionalmente.

Tocarme

Fuego

☐ Me gusta terminar rápido y arriesgarme a que me descubran.

Tierra

☐ Me gusta ponerme aceites por todo el cuerpo y tomarme mi tiempo.

 Aire

☐ Me gusta pensar mucho en el tema antes de hacerlo y decirme cosas eróticas.

 Agua

☐ Me gusta sentirme muy seguro y protegido mientras me toco.

Hablar sobre sexo y pensar en ello

 Fuego

☐ Dime cosas sensuales... A veces, pueden ser peligrosas o sucias.

 Tierra

☐ Sedúceme al apelar a mis sentidos del olfato, tacto, gusto y vista.

 Aire

☐ Cuéntame historias eróticas y tiéntame con palabras inteligentes.

 Agua

☐ Cuéntame cómo te sientes conmigo y lo cerca que estamos el uno del otro.

Fantasear sobre el sexo

Fuego

- ☐ Me gusta imaginarme situaciones poderosas.
- ☐ Me gusta imaginarme situaciones peligrosas.
- ☐ Me gusta imaginarme escenarios victoriosos.
- ☐ Me gusta imaginarme escenarios muy creativos.
- ☐ Me gusta imaginarme escenarios de devoción.

Tierra

- ☐ Me gusta imaginarme una escena de sexo seductora.
- ☐ Me gusta imaginarme seducciones largar y bellas.
- ☐ Me gusta imaginarme ser saboreado.
- ☐ Me gusta imaginarme una sensualidad intensa.
- ☐ Me gusta imaginarme un desarrollo lento y continuo.

Aire

- ☐ Me gusta imaginarme formas de unión.
- ☐ Me gusta imaginarme un placer equitativo.
- ☐ Me gusta imaginarme cuerpos ideales.
- ☐ Me gusta imaginarme escenarios rebeldes.
- ☐ Me gusta imaginarme conversaciones sensuales y palabras provocativas.

Agua

- ☐ Me gusta imaginarme sexo psíquico.
- ☐ Me gusta imaginarme una intimidad y una confidencia ideales.

☐ Me gusta imaginarme una vulnerabilidad absoluta.

☐ Me gusta imaginarme el orgasmo como una *petite mort*.

☐ Me gusta imaginarme la transformación mediante el sexo.

☐ Me gusta imaginarme que tengo que lidiar con los celos mediante el sexo.

Comienzas a establecer una imagen de tus deseos y necesidades sexuales. Como todos sabemos, la sexualidad no existe en el vacío. Nuestras necesidades de sabores de la intimidad en una relación nos dicen cómo nos desenvolvemos en la cama y cómo queremos que otros se desenvuelvan. Cuando nuestras necesidades íntimas no son comprendidas ni satisfechas, puede ser difícil liberarlas en su máxima expresión dentro de este dominio.

Ejercicio: Mis necesidades íntimas

Elige las afirmaciones que sean verdaderas para ti. Si estás en una relación sexual, pídele a tu pareja que también responda este ejercicio. Este es el comienzo de una introspección reveladora, y tal vez una conversación que podría despertar cosas en tu vida sexual.

🔥 Fuego

☐ Necesito que apoyes mi independencia y confianza.

☐ Necesito que me ayudes a ser activo/a y fuerte físicamente.

☐ Necesito que participes en aventuras conmigo.

☐ Necesito que me ayudes a expresar mis emociones sensibles y vulnerables.

☐ Necesito que recibas mi rabia sin reacción ni castigo.

☐ Necesito que plantees límites claros con respecto a las maneras aceptables de expresar mi enfado.

☐ Necesito que plantees cosas nuevas y sensuales constantemente.

☐ Necesito que me atraigas cuidando tu cuerpo de manera impecable.

☐ Necesito que me lleves a un capricho de espontaneidad y aventura.

☐ Necesito que me recuerdes constantemente cuán deseable soy.

☐ Necesito que aprecies y fomentes mi increíble fuego.

☐ Necesito que valores mi autonomía.

☐ Necesito que me des mucho espacio para tranquilizarme antes de hablarme.

☐ Necesito que enfatices mi valentía y coraje.

☐ Necesito que satisfagas mis necesidades de pasión y afecto con una energía equitativa.

☐ Necesito que veas que, debajo de mi fuerte independencia, hay una necesidad de depender de ti.

☐ No intentes acorralarme.

☐ No me critiques cuando estoy demandante o tierno/a.

☐ No dejes que me enfoque en mis necesidades y deje de lado las de otros.

☐ No permitas que exprese mi enojo de maneras dañinas.

☐ No me pidas que sonría.

☐ No me pidas que sea simpático/a.

☐ No me pidas que me quede quieto/a.

☐ No me digas que soy *demasiado*.

☐ No me hagas sentir vergüenza por mis deseos.

☐ No intentes hacerme sombra.

 Tierra

☐ Necesito que tus *acciones*, no solo las palabras que dices, demuestren el amor que sientes por mí.

☐ Necesito que seas estable y constante.

☐ Necesito que me abraces como quiero que me abracen.

☐ Necesito que me asegures que está bien sentirme como me siento (tal vez más de una vez).

☐ Necesito que me animes a salir de mi zona de confort.

☐ Necesito que me ayudes a crear belleza y armonía.

☐ Necesito que seas paciente con mi ritmo emocional.

☐ Necesito que aprecies mis demostraciones de afecto.

☐ Necesito que valores mi necesidad de ir despacio y con sensualidad.

☐ Necesito que me seduzcas con un cortejo sensual.

☐ Necesito que te preocupes por oler bien.

☐ Necesito que ayudes a que nuestro ambiente sea lujoso y cómodo.

☐ Necesito que me regales poemas, flores, masajes en los pies y lujuria animal.

☐ Necesito que me animes a mover el cuerpo de maneras que estén basadas en el placer y el disfrute.

☐ Necesito que seas estable y fiable.

☐ Necesito que me halagues por cómo ayudo a los demás con generosidad y libertad.

☐ Necesito que me recuerdes tanto como sea posible lo hermoso/a que soy.

☐ Necesito que pases mucho tiempo conmigo en la naturaleza.

☐ No me pidas que me apresure cuando necesito más tiempo.

☐ No me digas que soy *demasiado* porque quiero afecto físico.

☐ No te burles de las rutinas y los rituales que uso para relajarme.

☐ No permitas que crea que las cosas materiales son declaraciones de valor o amor.

☐ No te rías de mí por tener miedo de lo nuevo.

☐ No uses mis cosas sin permiso.

☐ No dejes que me aísle por mucho tiempo. Cuando lo haga, ven y abrázame.

☐ No me dejes ver la televisión durante mucho tiempo o comer inconscientemente.

⤳ Aire

☐ Necesito tiempo para soñar despierto/a y reflexionar.

☐ Necesito aprender muchas cosas y conversar sobre ellas.

☐ Necesito palabras de afirmación y estimulación mental.

☐ Necesito que hables las cosas conmigo para que pueda entenderte mejor.

☐ Necesito que me escuches.

☐ Necesito humor, inteligencia e ingenio.

☐ Necesito que reserves tiempo con regularidad para hacerme preguntas y escucharme profundamente.

☐ Necesito que me animes a expresar mis puntos de vista.

☐ Necesito que tengamos conversaciones directas acerca de lo que realmente nos importa a los dos.

☐ Necesito que me invites a calmarme y concentrarme cuando notes que estoy disperso/a y distraído/a durante períodos de tiempo largos.

☐ Necesito que estés predispuesto/a a aprender cosas nuevas y emocionantes sobre mí.

☐ Necesito que respondas abiertamente a mi curiosidad.

☐ Necesito que tus peticiones sean simples y breves.

☐ Necesito que me endulces el oído... y que sea en serio.

☐ Necesito que me seduzcas con mucha charla y humor.

☐ Necesito que aprendas las palabras que me excitan.

☐ Necesito que me entusiasmes con variedad.

☐ No hables por encima de mí ni me interrumpas.

☐ No me digas que lo que digo es ridículo o estúpido.

☐ No me abrumes con demasiada información a la vez.

☐ No te distraigas con dispositivos electrónicos cuando estás conmigo.

☐ No dejes que me olvide de que también tengo un cuerpo, no solo una mente ocupada.

☐ No olvides reír mucho conmigo.

☐ Jamás te burles porque estoy llorando.

💧 Agua

☐ Necesito que comprendas que soy sensible y frágil.

☐ Necesito que estés junto a mí cuando estoy triste.

☐ Necesito que compartamos buenas comidas.

☐ Necesito que valides lo emocionalmente psíquico/a que soy.

☐ Necesito que me motives a cumplir mi palabra y hacer lo que prometo.

☐ Necesito que valores lo importante que es la familia para mí.

☐ Necesito que me ayudes a reconocer heridas del pasado para sanarlas.

☐ Necesito que elogies mi vulnerabilidad y transparencia.

☐ Necesito que respires lenta y profundamente conmigo cuando estoy sensible.

☐ Necesito que me animes amorosamente a tomarme un tiempo libre cuando me siento abrumado/a emocionalmente.

☐ Necesito que me reconozcas cuando cumplo con mis responsabilidades y compromisos.

☐ Necesito que escuches sin estar a la defensiva cuando enumero mis necesidades con claridad.

☐ Necesito que hagas espacio para conectar verdaderamente conmigo sin otras personas presentes.

☐ Necesito que aplaudas mi lealtad e integridad.

☐ Necesito que me seduzcas siendo completamente maduro/a.

☐ Necesito que beses mis lágrimas y me abraces fuerte.

☐ Necesito que estés cerca de mí después de hacer el amor.

☐ Necesito que establezcas límites con respecto a cuánto tiempo estás dispuesto/a a pasar conversando detenidamente sobre algo conmigo. (A veces, no sabré cuándo detenerme).

☐ No te burles de mi necesidad o sensibilidad.

☐ No te aproveches de mi lealtad y confianza.

☐ No pidas que me apresure en conversaciones sensibles.

☐ No me permitas arruinar el día con mis emociones.

☐ No te rindas solo para que deje de molestarte.

☐ No contraataques cuando expreso mi enfado.

Lee todos los deseos y necesidades que has marcado. Reflexiona sobre estas historias de algunos clientes mientras comienzas a usar este conocimiento para desarrollar la sabiduría y la satisfacción del octavo dominio. La química sexual duradera y verdadera necesita que los amantes hallen maneras de incorporar todos los elementos de la sexualidad en su repertorio.

Don es completamente de fuego en lo que se refiere al sexo. Para él, la cantidad de veces que él y Lauren hacen el amor por semana es una manera de medir el éxito de su matrimonio. Las expectativas fogosas y las exigencias ardientes de Don son un problema para Lauren, que es de tierra casi por completo con respecto al sexo. Después de venir a mi consulta, Don decidió dedicar más tiempo a tocar y ofrecer la escucha no solo como un medio para un fin, sino como una manera de apreciar su tiempo con Lauren. Como consecuencia, Lauren respondió con mucha más predisposición para erotizarse y ser más dinámica en el sexo.

Silvya tiene Luna y Venus en Libra en Casa 8. Sus necesidades sexuales le dan mucha vergüenza y no se siente cómoda recibiendo. Gracias al trabajo que realizó conmigo, a explorar sus necesidades en voz alta con su pareja mediante conversaciones cortas e íntimas.

Lentamente, comenzó a expandir sus capacidades de placer ocupando el rol de iniciadora: estaba desarrollando la asertividad del fuego.

Con Marte en Virgo (un signo de tierra) en Casa 8, Leandra se escudaba en la rutina de la cama; dependía enormemente de su necesidad de rutina y seguridad. Dependía de las viejas y probadas formas de llegar al orgasmo y empezó a resistirse al sexo cada vez más. Sus cualidades de tierra eran un peso muy grande y la condenaban a la monotonía. Ella y su pareja estaban de acuerdo en que necesitaban probar cosas nuevas y comenzaron a ver películas de sexo explícito y leer literatura erótica en la cama. Este método les llevó a probar cosas nuevas y activó su vida sexual.

Shaun no podía salir de su cabeza (aire). Se volvió adicto a las imágenes porno y no podía conectar con su pareja de carne y hueso. Cada vez que comenzaba a tener sexo, su mente lo saboteaba con imágenes porno. Shaun tuvo el coraje de enfrentarse a ello y decidió de propia voluntad dejar de consumir porno durante un año. Al principio, se sentía muy deprimido sin su hábito de autoconsuelo; pero luego, él y su pareja acordaron hacerse masajes lentos y sensuales una vez a la semana. Esto les ayudó a recuperar lentamente el poder y la presencia de su conexión sexual. Aunque le llevó tres meses superar su adicción, Shaun logró recuperar su interés por el sexo de la vida real y renovar el vínculo profundo con su pareja. Sintió un gran alivio por no estar dominado por imágenes compulsivas y distorsionadas, y por poder volver a la intimidad intensa en la vida real.

Cuando repasamos todas las maneras de expresar nuestra naturaleza sexual, nos comunicamos sexualmente por completo. Cuando te das cuenta de que cada elemento brinda un enorme aporte a la vida sexual, puedes usarlos conscientemente de todas las formas que resuenen contigo. Integrar todos los elementos en nuestra vida sexual eleva la conexión sexual a la forma artística que tiene el potencial de ser.

Lo más importante es que cualquier pareja puede ser compatible sexualmente si las personas están dispuestas a aprender y responder a las necesidades sexuales y las preferencias elementales del otro. En mi vasta experiencia como consultora astrológica, no hay ninguna evidencia de que cierta combinación de signos sea más favorable que otra en términos de emparejamiento. Todo depende de la voluntad, la franqueza y la curiosidad genuina de mantener viva la chispa sexual.

Los elementos de tu vida sexual: Práctica

Decide cuáles quieres incorporar en la cama:

Fuego: Rápido y caliente

Tierra: Sensual y continuo

Aire: Interesante y nuevo

Agua: Lleno de sentimiento y conexión profunda

Registra, conversa y haz arte en torno a una o dos cosas que puedes hacer para incorporar ese elemento a tu vida amorosa, ya sea en tu amor propio o haciendo el amor con otra persona. Deja que tu imaginación vuele, investiga en Internet, habla con ese amigo que vive su sexualidad con libertad y aventura: encuentra una manera de actualizarte. Luego, registra, conversa o haz arte acerca de los resultados de tu exploración, asegurándote de felicitarte por arriesgarte a probar algo nuevo e invertir tu tiempo, pensamiento y energía en la materialización y satisfacción de tu sexualidad.

El campo sexual sutil

En los últimos tiempos, cuando pongo una película y veo la inevitable escena sexual en la que el hombre levanta a una mujer y la empuja contra la pared o la tira en la cama sin un poco de juego previo, me pregunto: ¿Quién queda fuera en esta representación erótica?

¿Y las personas con problemas de espalda? ¿O las que no siempre se excitan o se mantienen excitadas? ¿Las parejas en las que una persona es muy pequeña para alzar a la otra? ¿O los que tienen historias de trauma sexual y necesitan que los traten con más amabilidad? ¿O las personas que están cansadas y son sensibles, pero, de todos modos, quieren sentir el calor y la intimidad sexual?

Soy increíblemente afortunada por haber tenido exquisitos amantes hombres y mujeres en mi vida y haber sentido un placer extraordinario con todos ellos. Lo que he aprendido es que el sexo atlético con penetración es fabuloso y excitante, pero no siempre es el preferido o deseado.

A veces, las personas que han vivido embarazos, la crianza de hijos, flujos y reflujos hormonales y enfermedades debilitantes pueden sentirse mal por no tener esta destreza sexual aeróbica. Las personas que, generalmente, no buscan participar en las Olimpiadas del sexo pueden tener sin duda una vida sexual gratificante con variedad, longevidad y espacio para todo tipo de emociones. ¿La clave? Cultivar lo que llamo el *campo sexual sutil*.

El campo sexual sutil es un lugar en el que todas las señales, pistas y expresiones están al servicio del eros y la conexión sexual. Está creado por el coqueteo intencional y el aprendizaje de los matices que excitan a tu pareja.

Cuando el campo sexual sutil está presente y ambos miembros de la pareja son partícipes activos, los amantes se sienten cuidados, queridos y deseados sin depender de que todo apunte a un fin.

A continuación, se presentan algunos de los ingredientes más comunes de un campo sexual sutil vital y continuo, agrupados por elemento:

🔥 Fuego

Una comida especial servida con elegancia

Prendas de vestir provocativas que le gusten al otro

Ropa interior sexy

Elegir juguetes sexuales juntos

Una aventura pícara que pueda implicar desnudez

Fantasías con disfraces y risas

 Tierra

Caricias en el pelo y, a veces, cepillarlo o peinarlo

Masajes en la cabeza, los hombros y los pies

Bailar coquetamente

Afirmaciones físicas activas y frecuentes

Acariciar con presencia completa y sin apuro

Hacer que la cama sea un nido de amor cómodo con iluminación y
música perfectas

Tomarse de las manos y hacerlo en serio

 Aire

Bromas íntimas sobre momentos sexuales memorables del pasado

Citas románticas sin distracciones, teléfonos u otras personas

Hablar sobre fantasías sexuales que resultan atractivas para las dos
personas

Leer textos eróticos en voz alta

Mensajes de texto sugerentes

Enviar, guardar y volver a reproducir mensajes de voz

Notas y poemas de amor escritos a mano

Notas adhesivas ocultas con mensajes eróticos privados

Agua

Contacto visual intenso

Escucha atenta y profunda

Encontrar momentos para compartir vulnerabilidad

Pintura corporal bajo luz tenue

Algunas actividades combinan elementos: velas e incienso sensuales son fuego y tierra; fragancias que evocan recuerdos seductores son aire y tierra; comidas o cócteles deliciosos son tierra y agua; mirar un espectáculo sexualmente provocativo que erotiza a la pareja es fuego y aire; y preguntarle a la pareja qué tipo de roce desea o necesita es aire y agua.

Obviamente, esta lista no es exhaustiva y algunas cosas que se mencionan pueden funcionar para algunos y no para otros. Sin embargo, si empiezas a experimentar con algunas de estas cosas, comenzarás a ver lo poderosamente enriquecedor que puede ser el campo sexual sutil en el día a día.

Para la mayoría de las personas con una vida ocupada, el acto sexual puede ser breve. Vivir y ayudar a crear el campo sexual sutil es una aventura a largo plazo… y también es un buen hábito para practicar cuando sales con alguien por primera vez. Crea una mayor seguridad y confianza sexual y refuerza una atmósfera de atracción y deseo. Las parejas y los amantes se vuelven más expertos en saber cómo honrar la imaginación erótica del otro y cómo priorizar la sexualidad en general. Este escenario también brinda más oportunidades para practicar acrobacias físicas, si es lo que quieres.

> Si estás muy ocupado para tener sexo, estás muy ocupado.
>
> —Esther Perel, autora exitosa (tiene Sol en Leo y está llena de pasión)

¿Por qué algunas personas evitan hacer estas cosas cuando darse placer y enriquecerse mutuamente? La mayoría de las personas quieren que la sexualidad sea instantánea y automática, como suele ser en los primeros meses con una pareja nueva. Quieren sentir ese deseo incontrolable de hacer cualquier cosa para llevarse bien con esa persona nueva en su vida.

Una vez que el combo químico de la novedad se disipa, entre los seis meses y los dos años de estar juntos, despertar el deseo requiere más compromiso. Después del fuego ardiente inicial, las personas suelen querer que su pareja los seduzca en lugar de sentir la incomodidad o la vulnerabilidad de dar el primer paso. *Debería empezar mi pareja*, pensamos —y la mayoría podríamos apostar que nuestras parejas piensan lo mismo.

Dejar en el pasado la nostalgia y el apego a esa etapa inicial de sexualidad fulgurante crea un espacio para la curiosidad y el compromiso intenso que se necesitan para construir un campo sexual sutil rico. Las dos personas necesitan desear que su vida sexual madure y se convierta en una dimensión múltiple de matices, seducción y tentación. Tenemos que reconocer que la virilidad o el enamoramiento no se deben medir necesariamente por la frecuencia en que tenemos orgasmos explosivos.

Para convertirnos en amantes para los que el sexo no comienza ni termina en la habitación, necesitamos tener una práctica y un lenguaje erótico que se vuelva más profundo y más pasional con el tiempo. Este tema se torna especialmente importante cuando las parejas atraviesan cambios hormonales, enfermedades, pérdidas, las demandas de los hijos y todos los otros aspectos de la vida aparentemente poco sexy que la mayoría debe enfrentar. En todo momento, protegemos el campo sexual sutil para garantizar que la intimidad no se vea frustrada por estos inevitables desafíos.

La próxima vez que veamos a un galán cargando una bella dama sobre su hombro, podemos apreciar ese movimiento sexual hercúleo y sentirnos agradecidos de que esta imagen no sea el punto de referencia de una vida sexual plenamente expresada.

ILUMINACIONES

A continuación, se detallan algunos consejos astrológicos para desarrollar tu campo sexual sutil. Estos consejos son aplicables para tus signos del Sol, la Luna o la cúspide de la Casa 8 y los de tu pareja. También puedes mirar tu signo de Marte y el de tu pareja.

Aries: Da y recibe masajes de cabeza mientras dices cosas dulces y románticas.

Tauro: Habla con una voz delicada como la seda y también elige seda para las sábanas.

Géminis: Prueba diferentes disfraces y ropa interior y haceros reír mutuamente.

Cáncer: Aprende el poderoso arte de abrazar a alguien mientras compartís vuestras verdades más profundas.

Leo: Participa en nuevos juegos de rol e intercambia géneros si lo deseas.

Virgo: Acaricia los brazos y las piernas como si fueras un ardiente admirador.

Libra: Crea una hermosa escena en casa o en la naturaleza y tómate un tiempo para escuchar los escenarios románticos favoritos de tu amante.

Escorpio: Haz que los encuentros privados sean un hábito y confesad vuestros deseos secretos.

Sagitario: Participad de aventuras en la naturaleza y decid lo que más apreciáis y amáis del espíritu y el cuerpo del otro.

Capricornio: Haced un ritual en el baño o la ducha, con velas y jabones aromáticos.

Acuario: Sorprende a tu pareja con notas de amor escondidas y flores inesperadas.

Piscis: Bailad despacio y muy juntos mientras escucháis una canción que os excite a los dos.

A partir de ahora...

La sexualidad no es solo el sexo. Si lo permitimos, la energía que subyace en nuestra naturaleza sexual se filtra en todo lo que somos y hacemos. Es la energía del *Eros*: la fuerza de la vida, el desarrollo y el crecimiento. Cuando permanecemos en contacto con nuestro yo erótico, todos los aspectos de nuestra vida se vuelven más vívidos, profundos, alegres y creativos.

Sensual es todo lo que se refiere al deleite de los sentidos. Y eso es lo que hacen los artistas, estimular los sentidos de todas las maneras posibles.

—Shakira (Marte y Mercurio en Capricornio en oposición a la Luna en Cáncer)

Puede ser difícil trasladar esta energía y vitalidad al resto de nuestra vida. Estamos muy *ocupados*, y casi todo en la vida parece poco sexy. Es fácil sentir que esta parte profunda y dinámica de nosotros mismos, la parte que está relacionada con la transformación, la muerte y el renacimiento, no puede integrarse con otros aspectos de estar vivo. Lo reservamos para el acto en sí y lo separamos del resto de nuestra vida.

Cambiar este hábito requiere intención y práctica. Requiere del compromiso de recurrir a la sensualidad y al campo sexual sutil como partes de la vida diaria. Requiere de la voluntad de arriesgarnos a responsabilizarnos de nuestras necesidades y deseos y compartirlos con nuestra pareja, y la voluntad de considerar las necesidades y los deseos de nuestra pareja con curiosidad y sentido de la aventura.

CAPÍTULO NUEVE

El noveno dominio:
Fantasía

No nos separan nuestras diferencias, sino la incapacidad
de reconocer, aceptar y celebrar esas diferencias.

—Audre Lorde (JÚPITER, REGENTE DE LA CASA 9, EN LIBRA EN SU CASA 1)

Hace poco tuve una epifanía sobre la palabra que forma parte del título de este capítulo: «fantasía». Generalmente, mis asociaciones con esta palabra se relacionaban con las cosas de la infancia, como los cuentos de hadas, las películas de Pixar, las criaturas mitológicas o los mundos imaginarios que los niños inventan cuando juegan. Sin embargo, al pensar profundamente en lo que esta palabra significa, me doy cuenta de que todos creamos *fantasías* a cualquier edad.

Todas nuestras creencias se resumen en la fantasía, aunque sintamos que son verdades indiscutibles. Puede que nos las hayan inculcado nuestras familias, nuestros ancestros, nuestras culturas, o pueden derivar directamente de las experiencias de vida. De cualquier modo, las tenemos tan arraigadas que se convierten en hechos. Somos profesionales a la hora de confirmar que nuestras creencias son absolutamente verdaderas, y la mayoría de los seres humanos encontramos mucho consuelo cuando las confirmamos. Sin embargo, en este capítulo, sostendré que la creencia es inventada, no una realidad externa a nuestra capacidad de elección (lo cual nos da acceso a una sabiduría, una paz y un potencial para la contribución inmensos).

La Casa 9 se enfoca en nuestros sistemas de creencias y el aprendizaje superior de la vida, la educación y los viajes. El signo en la cúspide de esta casa y de cualquier planeta que haya allí revelan la manera en que encaramos nuestras creencias y nuestras experiencias de creación de sentido.

La creación de sentido es un atributo único de la especie humana. Somos eternos creadores de sentido. El aprendizaje superior y los viajes largos son espacios importantes para la indagación profunda y la creación de mapas de sentido. En este capítulo nos centraremos en cómo viajar por el interior y el exterior para crear sentido en nuestra vida. También observaremos formas internas más personales de crear sentido: al nivel de los sistemas de creencias predeterminados, automáticos e impulsados por las emociones. Podemos actualizar nuestra programación psicológica con respecto a estos sistemas, por lo que también exploraremos ese proceso.

La energía persigue el pensamiento. Percibimos lo que creemos. Todos los seres humanos poseen un patrón mental llamado *sesgo de confirmación*: buscamos constantemente evidencia para reforzar lo que ya creemos. Más allá de este hábito humano distintivo, hay una verdad comprobada por la ciencia de la física cuántica: la realidad se basa en la percepción. La prueba objetiva concreta y absoluta de nuestras creencias existe solo en raras ocasiones.

Para desarrollar de verdad nuestra capacidad de crear sentido, podemos cultivar la curiosidad sobre los orígenes y la construcción de otros sistemas de creencias que no sean los nuestros. ¿De dónde provienen estas creencias? ¿Qué prácticas y rituales están involucrados? ¿Qué los hace convincentes? ¿Qué los hace hermosos y verdaderos?

Piensa un momento en las diferentes maneras en que las personas podrían relacionarse y coexistir si, en lugar de creer que nuestro sistema de creencias es superior —lo cual, a menudo, significa pelear por ese sistema y juzgar o condenar otros—, pudiéramos entablar esta conversación comprendiendo que todos los sistemas de creencias son válidos. Si practicáramos la búsqueda de la confirmación de que todos los sistemas de creencias son maneras en que las personas lidian con el misterio y lo desconocido, podríamos dejar de discutir si una representación de Dios es mejor que otra, o si un filósofo tiene razón y los otros están completamente equivocados. Cada conversación sobre la creencia debería convertirse en un trayecto hacia una comprensión y una conexión mayores y una ampliación de nuestros horizontes.

Empezar depende de nosotros. Exploremos el noveno dominio desde esta perspectiva.

Viajar al interior y al exterior del ser

Es fácil comprender que los viajes largos y aventureros nos llevan a tener revelaciones y crecer personalmente de forma acelerada. Viajar a tierras extranjeras siempre nos presenta situaciones desafiantes, condiciones estresantes e incomodidad. A pesar de todos los inconvenientes y de las frecuentes curvas de aprendizaje, los seres humanos siempre hemos deseado ir más allá de los límites de nuestro territorio. Nada se asemeja a estar fuera de la zona de confort cultural, vivir momentos exultantes llenos de nuevos sonidos, imágenes, sensaciones, aromas y sabores.

Los elementos de viaje pueden ser emocionantes o abrumadores, dependiendo del que lo percibe y del contexto. Para un amigo mío con tres planetas en Aries en Casa 9, ¡hacer vuelos largos y llenos de turbulencias es divertido! Para mi amiga Jaclyn, con Sol en Tauro y Marte y Venus en Virgo, un vuelo así le provocaría un ataque de pánico.

No todo el mundo tiene la oportunidad de viajar lejos debido a cuestiones financieras u otras circunstancias. Afortunadamente, el noveno dominio también se relaciona con los viajes al interior del ser. La imaginación es un pase libre al mundo, y todos nosotros, tanto si viajamos en el mundo real como si no, podríamos pasar más tiempo entrenando la imaginación activa en lugar de la observación pasiva que se ha vuelto tan común.

Primero, comencemos nuestro viaje en el plano físico y observemos las preferencias y las oportunidades de crecimiento de acuerdo con los elementos. Tener en cuenta las formas en que cada signo del elemento puede prosperar en un viaje puede impulsarnos a cada uno de nosotros a probar nuevas maneras de viajar.

Ejercicio: Viajar a través de los elementos

Observa las opciones de viaje en la siguiente lista y subraya las que hayas experimentado o las que te gustaría vivir. Tacha aquellas que te parezcan menos interesantes. Si eres un novato en la astrología, no te preocupes por los signos que se asocian a cada viaje: solo presta atención a las opciones que más te gustan. Seguramente, tus preferencias reflejarán tu signo solar, tu signo lunar o el signo en la cúspide de tu Casa 9.

Fuego

Acción y aventura (Aries)

Participar de cualquier tipo de actividad temeraria, como puenting o heliesquí.

Participar de un taller que incluya caminar sobre fuego.

Ocio, recreación, juegos y asombro infantil (Leo)

Ir a un parque temático mágico o a un maravilloso recorrido de fantasía.

Ver las siete maravillas del mundo.

Hacer un viaje en torno al teatro musical o fabulosos espectáculos de luces.

Peregrinaje a un lugar con un significado profundo (Sagitario)

Visitar las pirámides o Stonehenge o escalar una montaña tibetana.

Emprender cualquier viaje que implique conexión con la sabiduría. Si incluye caballos, mejor (el símbolo que representa a Sagitario es el Centauro).

Tierra

Lujo sensual y esplendor (Tauro)

Hospedarse en un hotel cinco estrellas, lujoso y relajante: solo el mejor entorno y el más sensual.

Rodearse de esplendor, vistas maravillosas y donde se puedan hacer caminatas pintorescas.

Actos de servicio (Virgo)

Construir cosas para los más necesitados.

Enseñar español como segunda lengua.

Pasar tiempo en un centro recreativo para trabajar en un proyecto o un libro.

Participar de una misión ecológica para salvar una especie en peligro de extinción.

Objetivos ambiciosos (Capricornio)

Ir a una expedición con mochila.

Participar de un viaje de supervivencia en un clima extremo.

Realizar un viaje que implique la certificación en un área de aprendizaje nuevo.

Aire

Aprendizaje y conversación (Géminis)

Participar de una convocatoria de las Naciones Unidas.

Asistir a congresos sobre causas en países extranjeros.

Seguir historias importantes o tendencias emergentes en viajes enfocados en periodismo o medios de comunicación.

Realizar un viaje centrado en idiomas extranjeros, como un curso intensivo en una escuela de idiomas.

Bellas artes, moda, diseño y estilo (Libra)

Visitar galerías de arte y museos.

Cualquier cosa relacionada con la alta cultura o mantenerse al tanto de la estética moderna.

Actividades comunitarias, participación en la comunidad y activismo (Acuario)

Visitar el sitio de un suceso mundial histórico, como los restos del Muro de Berlín.

Hacer un viaje de ayahuasca en Perú.

Cualquier cosa relacionada con el desarrollo de nuevas iniciativas para la comunidad, uno mismo y el mundo.

Agua

Comida deliciosa (Cáncer)

Hacer un curso de cocina.

Salir a comer con menús gourmet y sumilleres.

Visitar ciudades buscando los mejores lugares para comer.

Participar de un recorrido para visitar hogares extranjeros que profundicen la comprensión de la alimentación en diferentes culturas.

Catarsis emocional intensa y misterios profundos (Escorpio)

Visitar cementerios famosos o ciudades fantasmas.

Visitar sitios con una historia traumática, como los campos de concentración de Alemania.

Viajes que implican investigaciones sobre el lado oscuro de la vida.

Agua (Piscis)

Realizar cruceros fluviales o marítimos.

Recorrer una selva.

Bañarse en aguas termales.

Nadar en aguas maravillosas o practicar esquí acuático o surf.

Los elementos en los sistemas de creencias y la exploración interna

Los sistemas de creencias, las filosofías y las religiones son maneras de comprender la vida. Se basan en ideas, que pertenecen al ámbito del aire. Dicho esto, la creencia se manifiesta y se expresa mediante energías elementales. Las palabras y las ideas, escritas o habladas, son aire. Los rituales, la comida y la bebida y las rutinas o las prácticas son tierra. El arte, la música y la celebración es fuego, y los sentimientos y las emociones profundas procedentes de nuestros sistemas de creencias son agua.

Las personas se sienten atraídas a las religiones y las filosofías por diferentes razones. Nos puede llamar la atención una cualidad elemental de una tradición espiritual, creencia o filosofía y no otras. Zela dice que no soporta algunas de las ideas anticuadas del catolicismo relacionadas con el divorcio o la sexualidad, pero el canto y los rituales de los servicios católicos la transportan emocionalmente. Lauren no disfruta de la formalidad de los eventos del templo durante las festividades judías, pero le gustan las comidas especiales de las celebraciones y las lecturas de las Escrituras en la mesa. Aunque Sam se considera budista, no soporta quedarse quieto y meditar. Sin embargo, le encanta escuchar pódcast sobre budismo y siente profundamente la belleza eterna del arte budista. Willa es una gran estudiante de astrología, pero no le interesan las miles de aplicaciones en línea que tan populares son hoy en día.

Las prácticas contemplativas y la exploración interior son partes fundamentales de muchos sistemas de creencias y tradiciones espirituales. En este punto, se unen los viajes interiores y los externos con el noveno dominio. Incluso cuando emprendemos este tipo de viajes dentro de nuestros sistemas de creencias actuales, podemos utilizar el impulso exclusivamente humano de crear sentido para abrir nuestras percepciones y descubrir nuevas formas de ver el mundo y vivir en él. En la neurociencia moderna, llamamos a este suceso *mejorar la neuroplasticidad*: desafiar tu corazón, mente y cuerpo de maneras que construyan conexiones nuevas entre circuitos neuronales.

El siguiente ejercicio te guiará para considerar las formas en las que puedes acceder al sentido mediante experiencias, creencias y filosofías.

Ejercicio: Tu creación de sentido

¿Cómo aprendes? ¿Cómo le encuentras sentido a tu vida y a tu mundo? Mientras lees estas propuestas de formas de encontrar sentido mediante los signos astrológicos organizados por elemento, presta atención a los que resuenan con tu experiencia.

Fuego

Aries: sabiduría corporal

Tus experiencias más significativas y reveladoras provienen del movimiento. Estos momentos pueden implicar victorias sobre los límites autopercibidos de tu cuerpo: correr más rápido de lo que creías posible, adoptar una pose de yoga que pensabas que era imposible, o tener una aventura sexual en la que tu cuerpo parece transcender todas las limitaciones del pasado.

Leo: el corazón

Tus experiencias más significativas son aquellas que conmueven tu corazón a un nivel tan trascendental que ya no sientes que eres la misma persona. El nacimiento de un hijo, el comienzo de un romance, la majestuosidad de un atardecer o la exquisita perfección de una obra de arte crean sentido al transportarte a la felicidad total del corazón. El amor incondicional y cósmico inunda el chakra de tu corazón. Te envuelve una sensación de afecto divino.

Sagitario: enseñanzas filosóficas o aprendizaje espiritual

Tal vez un libro haya cambiado tu vida y te haya aportado un nuevo marco de pensamiento y acción. Quizás un maestro que entró en tu vida se convirtió en un guía de tu viaje, o una travesía sagrada de aprendizaje te llevó a un camino de vida que es significativo y adecuado para ti.

Tierra

Tauro: disfrute sensual

La belleza es lo que te impulsa. El arte, las impresionantes composiciones materiales o naturales y otras experiencias estéticamente agradables captadas a través de todos los sentidos son el riel que usas para subir las escaleras del sentido.

Virgo: ritual y rutinas

Construyes significado mediante actividades como plegarias, usando cuentas de oración, meditaciones guiadas y ayunos sagrados. Realizando alabanzas diarias y esenciales, obtienes acceso a una conexión más profunda de la vida.

Capricornio: cursos agotadores y muy desafiantes que desarrollan el carácter

Tal vez haces el extenuante trabajo necesario para completar el entrenamiento militar básico; quizás tu manera de crear sentido es terminar un doctorado o estudiar en profundidad una tradición espiritual o un texto religioso hasta que obtengas el perfeccionamiento necesario para enseñar a otros. El hilo conductor: lograr comprender tu lugar en la vida sometiéndote a una autoridad mayor con reglas y normas específicas y rigurosas. Esta manera de crear sentido también puede implicar lugares de liderazgo en la fuerza policial, el ejército o el gobierno.

Aire

Géminis: ideas y palabras inspiradoras

Planteas tu realidad a través de la exploración del pensamiento de las mentes más brillantes de la historia con frases, libros y discursos. Te entusiasma la elocuencia de otros, encontrar tu camino mediante el estudio profundo de los idiomas, la literatura y la oratoria.

Libra: relación

Para ti las relaciones personales dan significado a tu vida y creas más sentido a través de las sociedades interpersonales y el trabajo en pareja. Este es el camino del «tú y yo» como nexo del despertar.

Acuario: conocimiento repentino, destellos de intuición y conciencia extraordinaria e inconformista

Ves las cosas como un sistema y todas las partes como flexibles e interrelacionadas. Este portal trata sobre acceder a visiones «meta» de la vida y ver las cosas más allá de la consciencia ordinaria. Las ventanas hacia el futuro empujan esta energía.

Agua

Cáncer: compasión, empatía y liberación emocional

Experimentando el cuidado de los demás y el acto de compartir descubres que nos pertenecemos unos a otros. Este es el camino de la feminidad divina: la gran conexión de la diosa donde sentimos el amor de una madre por el mundo.

Escorpio: transformación profunda

Las grandes pérdidas, enfermedades o traiciones te ofrecen destellos de tu vulnerabilidad más profunda y la eterna naturaleza de la experiencia humana. A través de la supervivencia de una pérdida insoportable, descubres la permeabilidad del espíritu humano. En este proceso, renaces de las cenizas y ves un sentido más profundo de la vida.

Piscis: canales, médiums, música y lo que surja de los mundos desconocidos

A través de lo invisible te das cuenta de que estamos hechos de algo más grande que nosotros mismos, que está fuera de nuestro entendimiento. A medida que te disuelves en una conciencia unitaria, descubres la unidad grande y eterna.

Tu creación de sentido: práctica

¿Cómo le encuentras sentido a tu vida? Escribe, conversa o haz arte sobre las maneras que elijas. En tus reflexiones, incluye un anteproyecto elemental de cómo vas a buscar el sentido de tu vida.

✦ ILUMINACIONES

La Casa 9 se relaciona con nuestros sistemas de creencias y nuestra búsqueda del sentido de la vida mediante los viajes, la educación y la personificación de la sabiduría. Los planetas en tu Casa 9 o el signo en la cúspide de esa casa indican cómo le darás sentido a tu vida.

Por ejemplo, si tienes Luna en Casa 9, tu viaje en esta vida se enfocará en investigar tus pensamientos y tus sentimientos. Debido a que la Luna representa la relación con tu madre, su posición en la Casa 9 sugiere que tu madre ha influido en el desarrollo de tus sistemas de creencias. Esa influencia pudo ser armoniosa tu madre te legó sistemas de creencias que resuenan contigo, o pudo ser difícil, ya que tus creencias se formaron en oposición a las de tu madre o las rechazabas.

Si tienes Venus en Casa 9, es probable que tu sistema de creencias gire en torno a los valores y la búsqueda de la belleza... O, tal vez, tus valores reflejan una preocupación por asuntos superficiales que no te están beneficiando o no están ayudando a los que te rodean, y podrías proponerte ampliar tus sistemas de creencias y filosofías. Si tienes Marte en Casa 9, probablemente tengas una postura activa y comprometida; incluso, tal vez, una postura torpemente agresiva con respecto a las creencias y el sentido. Saturno en Casa 9 podría indicar que construyes sistemas que brindan disciplina y estructura a la creación de sentido... O que estás atrapado en un sistema de creencias que no te sirve.

Ejercicio: Creencias básicas negativas

He trabajado con miles de clientes y cada uno de ellos resulta tener creencias básicas negativas que se manifiestan en forma de limitaciones. Estas creencias acechan nuestra conciencia y dictan nuestro comportamiento y precepciones, especialmente en momentos estresantes. Las creencias básicas negativas se relacionan íntimamente con los aspectos poco hábiles de cada elemento que se desarrollaron durante las experiencias prenatales, del nacimiento y de la niñez.

Todos, yo incluida, tenemos creencias limitantes sobre nosotros mismos. Suelen estar fundadas en los primeros intentos de conectar, amar, ser amados y expresarnos libremente, y en el rechazo y las desilusiones casi inevitables que son, simplemente, parte del ser humano. Puedes tener una vida fabulosa y, de todos modos, recaer de vez en cuando en creencias básicas negativas. Por otro lado, algunas personas descubren que, sin importar cuánto lo intenten, siguen cayendo en un círculo de autosabotaje basado en una de esas creencias disfuncionales.

En el siguiente ejercicio identificarás tus tres mecanismos internos negativos más importantes. Este es el primer paso para reconocer las señales de que estás a punto de caer en patrones o expresiones negativas basadas en estas creencias.

Mira la siguiente lista de creencias negativas, que están ordenadas por elemento. Marca las tres creencias negativas con las que más batallas. Si no sabes de inmediato cuáles son tus creencias, piensa en el elemento con el que más te identificas y analiza cómo es más probable que te aferres a tus creencias básicas negativas.

Creencias básicas negativas	Creencias positivas contrarrestantes
FUEGO	
Soy malo/a	Está bien como soy
Soy egoísta	Puedo cuidarme bien
Soy un/a idiota	Puedo controlar mi enojo
Soy incapaz	Puedo pedir ayuda y cambiar
Soy un error	Tengo un propósito aquí
TIERRA	
No soy suficiente	Soy lo suficientemente bueno/a
Soy inepto/a	Puedo aprender en el camino
Tengo muchos defectos	No soy los errores que cometo
Estoy roto/a	Mi pasado no es mi futuro
Es mi culpa	Puedo reparar los errores que cometo
Soy un impostor/a	Soy capaz
AIRE	
Soy tonto/a	Sé mucho y puedo aprender
Soy feo/a	Soy fruto de la creación divina
Estoy loco/a	Puedo confiar en mis percepciones y comprobarlas con la realidad
Soy un extraterrestre	Mi originalidad es parte de un orden
No puedo decir la verdad sobre mí mismo	divino
	Puedo obtener apoyo para decir lo que necesite
AGUA	
No merezco amor	Hay mucho de mí que merece amor
Soy débil	Puedo desarrollar mis fortalezas fundamentales
No estoy a salvo	Puedo encontrar maneras para asegurarme de que estoy a salvo
No pertenezco aquí	Tengo todo el derecho de estar aquí
Estoy desamparado/a	Puedo pedir ayuda

Si te cuesta identificar tus creencias negativas, prueba el siguiente método. Reserva una buena cantidad de tiempo y asegúrate de tener apoyo emocional si lo necesitas, ya que realizar esta reflexión puede provocar una sacudida emocional.

1. Menciona un incidente triste de tu vida. No debe ser algo demasiado perturbador, sino algo que fue suficiente para impactarte emocionalmente de manera negativa (un ejemplo podría ser «Cuando uno de mis hijos adultos dijo cosas horribles sobre mí»).

2. Presta atención a lo que te hace sentir ese recuerdo en el cuerpo. Identifica la intensidad de esa sensación. Califícalo del 1 al 10, siendo 1 sin cambio y 10 absolutamente abrumador.

3. Identifica los sentimientos que acompañan a ese recuerdo (tristeza, rabia, dolor, rechazo, miedo, frustración...).

4. Escribe la creencia básica negativa que acompaña a este incidente. Permite que no provenga del pensamiento lógico, sino de una respuesta primitiva, del instinto. Debe surgir en un lenguaje sencillo e infantil («soy malo/a»).

5. Para finalizar, piensa: ¿Qué preferirías creer sobre ti? Aléjate de la otra cara de la moneda y mira de manera más realista la corrección adulta a esa creencia («Estoy bien como soy. Merezco amor»).

Creencias básicas negativas: Práctica

Sin importar qué creencias negativas hayas marcado, observa la creencia positiva correspondiente en la tabla o desarrolla una propia. Recuerda no pasarte al extremo opuesto; selecciona una afirmación adulta y realista para contrarrestar esa creencia.

Comienza prestando atención al lugar en el que suelen aparecer tus creencias básicas negativas. Contarréstalas con las positivas. Dilas para tus adentros, escríbelas, enúncialas en voz alta, coméntalas con otras personas. Busca evidencias de que lo positivo es real: en otras palabras, cambia tu sesgo de confirmación por creencias positivas sobre ti. Busca lo bueno y lo encontrarás. Nota que las creencias negativas limitan tus opciones; las creencias positivas te abren posibilidades.

Transformar nuestros sistemas de creencias requiere práctica, al igual que aprender a montar en bicicleta, bailar salsa o perfeccionar una nueva pose de yoga. Las creencias básicas negativas son usuales, y perder los hábitos conlleva intención y tiempo. Estás cambiando patrones neuronales profundamente arraigados. Cada vez que intervienes para tranquilizarte con confianza positiva, cambias tu cerebro, y pronto esa nueva creencia se convertirá en tu patrón.

Cambiar creencias básicas

Saskia había sufrido mucho maltrato en su vida. Había desarrollado creencias profundas de que no estaba a salvo y que tenía algo malo. Gracias a la terapia, los grupos de apoyo y la amistad, se dio cuenta de que ahora podía crear situaciones de vida y relaciones basadas en la seguridad emocional. Aunque algunas personas le habían causado un daño irreparable, era culpa de ellos. No significaba que tuviera algo malo. Pudo verse como una superviviente en lugar de una víctima.

A los veinte años, Denzel había sido adicto a las drogas y se había hecho cosas horribles a sí mismo y a muchos otros. Su creencia negativa era que se consideraba una mala persona y que merecía morir. Mediante una evaluación personal rigurosa, una práctica de *mindfulness* y un programa de doce pasos, logró comprender que podía sanar. Gracias a la terapia de Desensibilización y Reprocesamiento por Movimientos Oculares, se dio cuenta de que había comenzado a consumir drogas porque sentía que su familia no lo amaba ni lo consideraba importante. Quería encontrar una salida a su dolor. Al destapar la causa de su adicción temprana a las drogas, continuó trabajando en los doce pasos con dedicación. Comenzó a descubrir que ahora se sentía bien consigo mismo. Podía hacer algo positivo en esta vida: él era importante.

Lucia tenía sentimientos encontrados acerca de su matrimonio, y su ambivalencia la acosaba profundamente. Reconoció que, debido a que su madre había engañado a su padre, consideraba que el matrimonio era una trampa que inevitablemente terminaría en una traición dolorosa. Mediante la reflexión, entendió que tenía una creencia básica negativa que le hacía pensar que *ella* no era suficiente y que fracasaría. Al empezar a identificar esto como una creencia en lugar de un hecho, comenzó a sanar y a reconocer que ella *era* suficiente y que podía transformar su matrimonio en una historia diferente. Comenzó a valorar haber tenido acceso a herramientas y habilidades para hacer funcionar su pareja, algo que su madre nunca tuvo.

Jasmine tenía un gran temperamento y explotaba con las personas que más le importaban. Durante años, se justificaba, multiplicando sus razones para enojarse. Más adelante, miró a su alrededor y se dio cuenta de que actuaba desde una creencia básica: *soy mala persona, ¿entonces por qué no actuar así?* Indagando aún más, descubrió que su furia se había activado a una temprana edad, ya que su padre la decepcionaba constantemente y le decía que era egoísta cuando no quería pasar tiempo con él. Después de mucha terapia y de trabajar en su ira reactiva, Jasmine pudo desactivar la bomba antes de que explotara. Entendió que era una persona que se preocupaba profundamente y quería proteger a los que amaba.

A partir de ahora...

El noveno dominio nos pide reconocer que las creencias y sus sistemas son elecciones que hacemos y no verdades absolutas. Nos pide que estemos dispuestos a tener curiosidad por nuestras creencias y las de otros y analizarlas en profundidad. Nos hace aprovechar la capacidad única del cerebro humano para remodelarse y evolucionar con el tiempo. Las recompensas son un aprendizaje y un crecimiento de por vida y una mayor conexión con toda la familia humana.

Cada elemento tiene su propio método para entrenar el músculo de la creencia:

Fuego: Con una gran cantidad de contactos y desahogos creativos y estimulantes, mantendrás la inspiración y la atención en tu potencial incesante para expandir tus creencias y horizontes.

Tierra: La resistencia activa es necesaria para cambiar los malos hábitos, los comportamientos de una mente cerrada y las viejas adaptaciones emocionales traumáticas. Destrabar las creencias nocivas es un gran trabajo, y tú eres un trabajador excelente y capaz.

Aire: Todas las creencias limitantes se pueden desafiar y cambiar. Tienes la visión y la inteligencia para hacerlo en cualquier momento.

Agua: Necesitas experiencias fuertes de compasión y cuidado para seguir liberando lo que te encadene a ideas obsoletas o creencias emocionales.

CAPÍTULO DIEZ

.... ✦ ....

El décimo dominio:
Legado e impresiones duraderas

Una vez que descubres el sabor del respeto, sabe mejor

que la atención. Pero tienes que llegar a ese punto.

—Pɪɴᴋ (SOL, SATURNO Y VENUS EN EL ELEMENTO DE TIERRA DE VIRGO)

El décimo dominio está relacionado con el carácter y la autoridad. ¿Cuál es la huella de nuestro carácter y cómo nos da autoridad? ¿Cómo creamos, iniciamos, influenciamos y honramos el mundo en que vivimos? ¿Cuál es nuestro impacto en él? ¿Cómo utilizaremos nuestras fortalezas únicas para dejar nuestra huella? ¿Qué legado podemos dejar?

En astrología, la Casa 10 suele reducirse a consideraciones sobre la profesión. La verdad de esta casa, y el enfoque de la exploración del dominio correspondiente, es que todos nosotros tenemos un gran potencial de autoridad. Trata acerca de tu sentido interno para vivir *tu* propósito verdadero, no de vivir la vida que crees que hará que los demás te respeten. La autoridad es posible para todos, sin importar tu ocupación ni tu rol social.

Tengo una amiga llamada Maggie que ha dedicado su vida a criar tres hijos maravillosos y a apoyar a su marido a escalar a lo más alto de su profesión. Su autoridad era su amor constante de madre y pareja; su poder surgía de la creación de un verdadero ambiente de alegría y contribución en su familia. Conozco una camarera llamada María que tiene más honor e impacto en su trabajo que la mayoría de los jefes con los que he trabajado. Cada vez que me atiende, siento que mi presencia y mi disfrute son particularmente importantes. Su autoridad consiste en hacer que otros se sientan especiales y cuidados.

Por otra parte, he conocido muchos presidentes ejecutivos que reciben grandes sueldos pero sienten que no los respetan y que, incluso, los odian. Saben dar órdenes a los demás, pero no los inspiran. Lideran con el miedo y la intimidación en lugar de la conexión. Exigen demasiado sin cultivar una atmósfera de propósito, voluntad y camaradería.

Al entrar en esta exploración del décimo dominio, pregúntate al final del día: ¿Cómo evaluarías el impacto que tienes en los demás? ¿Cómo sacas lo mejor de ellos? ¿Por qué no consigues sacar lo mejor de ellos?

ILUMINACIONES

En astrología, la Casa 10 se asocia principalmente con la profesión o la reputación de una persona. Es una sección del cielo que se relaciona con el mediodía, y el regente del signo y los planetas que contiene nos dan pistas sobre quiénes somos cuando destacamos y somos visibles frente a otros. Por ejemplo, tener Aries en la cúspide de la Casa 10 puede significar un impacto fuerte, energético y explosivo de nuestra vida laboral. Escorpio en la cúspide de la Casa 10 podría indicar que nuestra autoridad y el legado máximo surgirán a través de una feroz revelación de la verdad y una transformación valiente. Tener Venus en la Casa 10 podría reflejar que nuestra autoridad quiere expresarse mediante el cultivo de la belleza y la armonía.

Saturno, el arquetipo de la autoridad y la administración, rige la Casa 10 y el signo de Capricornio. Si tienes planetas en la Casa 10 o en Capricornio en otra parte de tu carta, una gran parte de tu plan de aprendizaje de vida se centrará en la diferencia entre reputación y legado.

A menudo, mis clientes vienen a mi consulta en busca de orientación profesional. Cualquier conversación que tengo con un cliente sobre su carrera se centra en identificar dónde se siente más útil e inspirado, para concentrar todo el esfuerzo en usar sus dones y talentos.

A continuación encontrarás una muestra de trayectorias profesionales a través de los elementos en la Casa 10. Presta atención a lo que te atrae y si esa sensación de interés y vitalidad se traduce en el trabajo que realmente estás haciendo.

Fuego

Aries: bombero/a, atleta, luchador/a profesional, líder activista, bailarín/bailarina, abogado/a, médico/a de emergencias

Leo: director/a creativo/a, actor/actriz, educador/a para niños, narrador/a

Sagitario: orador/a motivacional, maestro/a espiritual, entrenador/a de caballos

Tierra

Tauro: diseñador/a de joyas, dueño/a de una tienda de ropa, banquero/a, asesor/a de marcas de lujo, terapeuta corporal, psicoterapeuta somático/a

Virgo: sanador/a, psicólogo/a, nutricionista, enfermero/a, acupuntor, quiropráctico/a

Capricornio: líder político, director/a ejecutivo/a, asesor/a de inversiones, ambientalista, líder militar

 Aire

Géminis: periodista, asesor/a de redes sociales, presentador/a de un programa de entrevistas, escritor/a, profesor/a de comunicación

Libra: mediador/a, abogado/a, estilista, modelo, juez/a, terapeuta matrimonial

Acuario: organizador/a comunitaria, ejecutivo/a sin fines de lucro, documentalista, astrólogo/a, científico/a

 Agua

Cáncer: escritor de biografías, chef, diseñador/a de interiores, cuidador/a infantil, inspector/a de alimentos

Escorpio: detective, cirujano/a, gerente de una funeraria, ocultista, líder transformacional

Piscis: músico/a, director/a de cine, artista, psíquico/a, ilusionista, administrador/a de un hospital

Una vez que hayas elegido una profesión que encaje perfectamente con tus talentos y habilidades, lo más importante es la manera en que la ejecutes en términos del uso de autoridad. Podemos acceder a nuestro sentido interno de autoridad y contribución a través de los elementos.

Parte de este proceso consiste en comprobar si estamos utilizando la autoridad con poca habilidad. ¿Estamos actuando con el objetivo de impresionar a otros en lugar de mirar hacia adentro y expresar lo que queremos? ¿Estamos permitiendo que las expectativas sociales sobre la riqueza o las carreras de alto nivel nos alejen del verdadero legado que queremos dejar?

Ejercicio: Usos de autoridad

Repasa estas listas de usos de la autoridad hábiles y no hábiles. Marca con honestidad tus tres habilidades principales con respecto a la autoridad, luego marca las tres principales maneras poco hábiles con las que sueles acceder a la autoridad.

 Fuego

Hábil

☐ Liderazgo protector

☐ Acciones innovadoras

☐ Vulnerabilidad valiente

☐ Asumir riesgos de forma responsable

☐ Motivador honesto

☐ Tutoría significativa

No hábil

☐ Postura de dominación

☐ Creación de sistemas egoístas

☐ Gestión imprudente

☐ Incentivos egoístas

☐ Relaciones amorosas explotadoras

☐ Jactancia y exageración sobre tus logros

☐ Uso de la mentira para progresar

☐ Ira

Tierra

Hábil

☐ Toma de decisiones sólida y confiable

☐ Toma de decisiones conservadora y empática

☐ Consejos confiables y seguros

☐ Valores duraderos

☐ Aportar belleza

☐ Defender la igualdad en el trabajo

No hábil

☐ Actuar de forma obstinada

☐ Sentimiento de superioridad rígido

☐ Motivación por la avaricia

☐ Acaparar el poder

☐ Hambre de reconocimiento

Aire

Hábil

☐ Contribuir a dar instrucciones claras

☐ Pronunciar palabras inspiradoras

☐ Positividad inspiradora

☐ Conversaciones enriquecedoras

☐ Conversaciones ingeniosas y graciosas

☐ Liderazgo centrado en la igualdad

☐ Diplomacia ejemplar

No hábil

☐ Verdades poco confiables

☐ Atención dispersa y superficial

☐ Objetivos desconectados

☐ Vanidad y preocupación excesiva por la imagen

☐ Abuso de sustancias tóxicas

Agua
Hábil

☐ Guía amable y compasiva

☐ Liderazgo paciente y conectado

☐ Acciones transparentes

☐ Empatía profunda hacia los demás

☐ Habilidad para preguntar

☐ Ecuanimidad con los sentimientos

☐ Equilibro espiritual y congruencia

No hábil

☐ Control mediante manipulación de las emociones

☐ Falta de temple en los conflictos

☐ Escapismo de la realidad para abordar dificultades

☐ Acciones solapadas y furtivas para progresar

☐ Peticiones manipuladoras

Usos de la autoridad: Práctica

Aquí podemos comenzar a hacer cambios conscientes y concretos sobre nuestra forma de liderar, sin importar dónde tengamos influencia.

Escribe tus tres maneras hábiles de expresar autoridad. Piensa en cómo puedes continuar usándolas o en cómo hacerlo de manera más completa. Luego, revisa las listas y escribe seis cualidades hábiles que no hayas seleccionado pero que te gustaría cultivar. Presta atención a las categorías de elementos a las que pertenecen. Piensa formas concretas de incorporar estas cualidades a tu vida diaria. Escribe, conversa o haz arte sobre los pasos que puedes dar para alinearte con tus deseos de desarrollar tu autoridad interna.

Si deseas ampliar esta práctica, revisa las listas a diario durante treinta días. En cada revisión, ten en cuenta las cualidades y las expresiones poco habilidosas que hayas notado en ti ese día. Encuentra una manera creativa de registrar tus respuestas. Al final del mes, verás un reflejo en el tiempo de cómo te está yendo en este dominio, lo que te ayudará a descubrir cómo quieres avanzar.

Ejercicio: Tu legado

¿Sabes lo que deseas que las personas digan sobre ti en tu obituario o en tu funeral? Aunque no sea fácil pensar en esto, valorar honestamente cómo quieres que te recuerden puede otorgar un impulso motivador a tu legado. Revisa estas listas de lo que las personas podrían decir sobre alguien que quieren y que ha fallecido. Marca los enunciados que te gustaría que se hicieran sobre ti. Resiste la tentación de marcar todas las opciones —¿quién no querría ser recordado?—, selecciona aquellas que sientes que son verdaderas cuando muestras tu mejor versión.

> Cuando las personas llegan al final de su vida y miran hacia atrás, las preguntas que más suelen hacer no son «¿Cuánto queda en mi cuenta bancaria?»... Te encuentras que las preguntas que hace una persona así son muy simples: «¿He amado bien?», «¿He vivido plenamente?», «¿He aprendido a soltar?».
> —Jack Kornfield (Sol y Saturno en Cáncer)

🔥 Fuego

☐ Siempre me sentí tan amado/a por él/ella.

☐ Transmitía alegría y gratitud hacia todos.

☐ Compartí las mejores risas de mi vida con él/ella.

☐ Vivió tan plenamente que me inspiró a vivir de la misma manera.

☐ Nunca conocí a nadie tan valiente y audaz.

☐ Siempre me apoyó.

☐ Siempre hizo lo correcto, incluso cuando nadie le prestaba atención.

☐ Era espontáneo/a y creativo/a.

☐ Era tan alegre y generoso/a que siempre me alegraba el día.

☐ Su generosidad era enorme.

Tierra

☐ Siempre me hacía sentir calma y paz.

☐ Era la persona más sólida y empática que he conocido.

☐ No podría haber vivido sin su ayuda.

☐ Siempre fue muy amable... Realmente, una de las personas más agradables que he conocido.

☐ Ayudó a muchas personas de manera desinteresada.

☐ Era la persona más atenta y con el mayor espíritu de servicio que he conocido.

☐ Era competente en todo lo que hacía... y también era muy humilde.

☐ Siempre sabía qué decir en el momento adecuado.

☐ Su presencia era pura y modesta.

Aire

☐ Siempre me hizo sentir inteligente y sagaz.

☐ Sabía muy bien cómo conectar las personas.

☐ Era el/la mejor amigo/a que se puede tener.

☐ Inspiró a una generación con su manera de hablar.

☐ Su optimismo fue de gran apoyo para muchos.

☐ Su visión de la vida siempre me hacía sentir mucho mejor.

☐ Era absolutamente brillante.

☐ Sabía cómo hacer que todos se sintieran importantes.

☐ Su originalidad les permitía a todos ser ellos mismos.

☐ Su belleza era conmovedora y eterna.

Agua

☐ Nunca decía una palabra hiriente sobre nadie.

☐ Era el alma más hermosa que he conocido.

☐ Su bondad fue legendaria.

☐ Siempre sentí que me cuidaba de verdad.

☐ Demostraba una compasión real todos los días.

☐ Era valiente cuando se enfrentaba a las cosas más difíciles.

☐ Cuando entraba en un lugar, sabías que todo iba a ir bien.

☐ Era la mejor madre/el mejor padre.

¿Qué enunciados has marcado? Esos son tu «verdadero norte», la dirección hacia tu legado real. ¿Quién quieres ser de verdad? ¿Cómo quieres que te recuerden? ¿A qué distancia estás de la expresión completa de los atributos por los que quieres que la gente te recuerde? Echa un vistazo honesto, porque puedes elegir si duplicas el legado que deseas dejar.

Tu legado: Práctica

Crea una obra de arte visual relacionada con el legado que deseas dejar. Imagina que es una obra de arte conmemorativa para tu futuro «yo» difunto. Dedica un rato a escribir o conversar con un ser querido cercano sobre lo que podrías cambiar en tu vida para hacer realidad tu legado deseado.

Nunca es tarde

Nunca es tarde para comprometerte a dejar una huella en la vida de las personas. He conocido a muchos que, en una etapa tardía de su vida, se convirtieron en la persona que querían ser tras décadas de perseguir molinos de viento y elogios, y no estar contentos con ellos mismos. Se dieron cuenta de que lo importante se encuentra en los momentos de conexión, no en el dinero... o, incluso, en la causa.

Jeremy es un multimillonario que se ha casado y divorciado dos veces. Tiene Luna y Sol en el terrenal Capricornio en la Casa 10 de la ambición. Casi toda su vida adulta ha estado enfocada en crear su fortuna y atesorar cosas e ideas, y no ha mantenido una relación cercana con sus hijos, que ya son adultos. Durante muchos años, ha vivido con la cabeza y no con el corazón. Después de mucha reflexión profunda y trabajo interior, se ha dado cuenta de que el trauma familiar que sufrió en su niñez le había impedido apegarse demasiado a otras personas. Se sentía más seguro y más capaz en búsquedas intelectuales y materiales. En terapia, comenzó a derretir la armadura que no le permitía conectar profundamente con sus hijos. Aunque no ha cambiado por completo, sus objetivos actuales se centran en sentir en lugar de hacer. Está dedicado a reparar la relación con sus hijos, y no a aumentar su riqueza.

Gayle es madre de cuatro hijos y una incansable trabajadora social que vive para su profesión. Posee atributos acuáticos y cariñosos con ascendente en Cáncer y una Luna en Libra enfocada en los demás. Su Sol en Leo se encuentra en la Casa 7, lo cual indica que encuentra amor y expresión de su personalidad a través de los demás. Dedica todos sus días a entregar su corazón. Cada persona que recibe su amor se siente como si viviera bajo una catarata mágica de compasión. Esto es demasiado para Gayle; a menudo se siente vacía y exhausta, pero no puede dormir porque está muy preocupada por las personas a las que ayuda. El solo hecho de hacer su trabajo y tratar de dedicar al menos un poco de tiempo a cada uno de sus hijos todos los días la está abrumando. Tras el fallecimiento de su madre, Gayle se ha dado cuenta de que, si no limita su efusión de generosidad, se ahogará. Ha decidido hacer un curso de bienestar y enfocarse en el equilibrio y el autocuidado. Ahora, lidera con el ejemplo en lugar del autosacrificio.

Leonard es un padre a tiempo completo. Es uno de los mejores padres que hay, pero también tiene grandes sentimientos de incompetencia que ignora para concentrar toda su energía en los niños. Debajo de su exterior amoroso, acechan heridas abiertas de la infancia que surgen en ocasiones en forma de ira o de barreras que lo separan de las personas que lo aman. Debido a que presienten y temen este caldero de dolor turbulento debajo de su superficie, las personas caminan de puntillas cuando están cerca de él. Leonard tiene muchos planetas en Escorpio, lo que le da una profundidad emocional y un cariño insondables; pero cuando se siente abandonado, esas profundidades se convierten en pozos de veneno emocional. Tuvo un punto de inflexión cuando se enfrentó a una crisis de la cual no pudo escapar. Se derrumbó y, finalmente, aceptó la ayuda que había necesitado todo ese tiempo para liberar las partes no expresadas de su personalidad. Su experiencia con la psicoterapia fue tan transformadora que, al cabo de poco tiempo, volvió a estudiar para convertirse en psicoterapeuta. Allí, su profundidad y su gran preocupación por los demás encontraron su verdadera expresión.

Tania es mentora motivacional y entrenadora física. Tiene un Sol atlético en Aries en Casa 1 y una Luna ardiente y creadora de sentido en Sagitario. También tiene Júpiter junto a Marte en Tauro, que amplían su apetito por la sensualidad y el contacto físico. Ha dedicado su vida adulta al bienestar de la comunidad, fomentando la salud de otras personas. Durante mucho tiempo, ha ocultado una adicción detrás de su imagen de practicante ejemplar del autocuidado. Finalmente, el drama de sus excesos ha chocado contra su integridad y ha dejado de consumir. Su autenticidad, humildad y sinceridad sobre sus dificultades le han permitido contribuir aún más a través de su entrenamiento motivacional. Las miles de personas que siguen su camino saben que pueden comenzar desde donde están, porque Tania es un ejemplo vivo de cómo enfrentarnos a las imperfecciones con sinceridad y compasión.

A partir de ahora...

Es común que una parte de una persona esté tan empeñada en *no* darse cuenta de su autoridad que, inconscientemente, se sabotee a sí misma, aferrándose a hábitos u ocultando secretos que le impiden encarnar su propósito por completo. En realidad, no es tan sorprendente que tengamos este hábito, porque la autoridad está acompañada de riesgo y responsabilidad. Cuando vivimos intensamente, se magnifican los errores y los traspiés, y todos sabemos que el mundo no es muy bueno para perdonar a alguien que comete un error mientras avanza hacia su grandeza. En general, tomar la decisión de vivir de una manera en la que dejemos el legado que realmente deseamos comienza con autosuperaciones incómodas, luchas contra hábitos de autosabotaje o enfrentamientos con secretos que podemos estar ocultándonos incluso a nosotros mismos. Luego, se necesita coraje continuo para seguir eligiendo ese camino.

Los pasos que demos hacia el fuego valiente e iluminador, la tierra organizadora y estabilizadora, el aire brillante e inspirador y el agua bondadosa y tranquilizadora serán los contornos de las huellas que dejaremos.

CAPÍTULO ONCE

········ ✦ ········

El decimoprimer dominio:
La tribu sagrada

Cuando invertimos por completo en los cuatro elementos en todos los dominios anteriores, nos llenamos de una luz brillante y constante. El secreto para mantener esa calidez y vitalidad es tu tribu sagrada: el enfoque del decimoprimer dominio.

Tu *tribu sagrada* está formada por un grupo de entre ocho y doce personas que son tus aliados incondicionales. No tienen que ser personas súper cercanas, solo deben tener una conexión contigo. Son personas que están alineadas con tu crecimiento y tu plenitud máxima en contraposición a tus viejos patrones.

Has recorrido un camino de expresión completa de los elementos en tu presentación (Capítulo 1), tus bienes materiales y recursos (Capítulo 2), tu comunicación (Capítulo 3), tu hogar e inteligencia emocional (Capítulo 4), tu creatividad y la pasión por la vida (Capítulo 5), tus hábitos de cuidado personal (Capítulo 6), tus relaciones interpersonales (Capítulo 7), tu sexualidad (Capítulo 8), tu búsqueda del aprendizaje, la espiritualidad y la sabiduría (Capítulo 9) y tu legado y autoridad (Capítulo 10). Este decimoprimer dominio transporta tu mandala de elementos en evolución a una red comunitaria que también refleja todos los elementos. Cuando estas energías se fusionan en ti con las de la tribu sagrada que has elegido cuidadosamente, el poder y la alegría que tenéis como colectivo crece exponencialmente.

Sí, ¡de ocho a doce miembros es muchísimo! Es importante tener un grupo de este tamaño porque es probable que una reunión tan numerosa incluya personas con cualidades de todo el espectro de elementos. Considera los atributos de las personas que reflejan cada uno de los elementos:

Las personas de *fuego* que...
- Siempre te ayudan
- Hablan bien de ti cuando no estás presente y te defienden cuando otros hablan mal de ti
- Morirían figuradamente por ti
- Creen que «imposible» en realidad significa «es posible»
- Creen que la magia es una parte indispensable de la vida

Las personas de *tierra* que...
- Te hacen responsable de tus palabras
- Hacen cosas positivas contigo y para ti
- Siempre se puede confiar en ellas
- Están comprometidas con su salud y bienestar: saben que sin un cuerpo sano, el espíritu no puede volar

Las personas de *aire* que...
- Están dispuestas a empezar conversaciones incómodas y hablar de rupturas inevitables
- Te hacen reír
- Te inspiran
- Te hacen ver que la vida está llena de posibilidades en lugar de estar atrapados en obstáculos o problemas

Y las personas de *agua* que...
- Están dispuestas a aceptar tu tristeza y tu derrota con compasión y a compartir tu alegría cuando tienes éxito y logros

- Saben que no eres tu pasado ni tus viejas historias
- Te recuerdan tu presente y que eres un regalo
- Comparten contigo sus vulnerabilidades y su autenticidad y te apoyan para que compartas tus verdades y tu vergüenza oculta

✦

ILUMINACIONES

Las personas que tienen Luna o Sol en Casa 11 priorizan la amistad como un superpoder. Su necesidad emocional de tener grupo de amigos es fuerte, y se identifican con ellos como un ancla para su sentido de pertenencia. Pueden ser aquellos que se aseguran de que os reunáis a menudo o que ponen en marcha un negocio en grupo; es probable que sean los encargados de organizar una despedida de soltero o soltera, o una fiesta de bienvenida a un bebé.

Si una persona tiene Saturno en Casa 11, puede sentir una verdadera soledad con respecto a los demás. Puede tener que hacer un esfuerzo adicional para mantener amistades cercanas. Júpiter en Casa 11 puede comportar la situación de tener demasiados amigos y sentirse agobiado al tratar de mantenerse al día con todos.

✦

A muchos de nosotros nos han enseñado que, si bien el apoyo de un grupo y de los amigos es una gran ventaja, no deberíamos *necesitarlo* de verdad. Las normas culturales nos piden ser personas fuertes y autosuficientes. Si nos ocupamos de los negocios de manera independiente, es posible que necesitemos apoyo ocasional, pero depende de nosotros corregirnos lo más rápido posible para no ser una carga para nadie. Estos mitos interfieren en nuestra búsqueda de la profundidad y la amplitud del apoyo del grupo y de los amigos que los seres humanos necesitamos. Debemos aprender a resistir la narrativa dominante de que debemos ser una persona artífice de su éxito y que no depende de nadie, y aceptar que el desarrollo y el mantenimiento de una tribu sagrada es una prueba de coraje relacional.

Formar tu tribu sagrada

En 2019, Evite y OnePoll les preguntaron a dos mil estadounidenses sobre sus dinámicas sociales. Alrededor de la mitad dijeron que les resultaba difícil hacer amigos nuevos. Aunque los encuestados tenían un promedio de dieciséis amigos, sentían que solo tres eran para toda la vida, y con solo cinco de ellos pasarían tiempo a solas. Poco menos de la mitad de los dos mil participantes afirmaron que la timidez o la introversión eran su obstáculo principal, y aproximadamente el mismo porcentaje declaró que quería tener más amigos, pero no estaba seguro de cómo encontrarlos. ¿Por qué y cómo deberíamos buscar de ocho a doce amigos? ¿Y cómo fomentamos la relación con aquellos amigos que realmente coinciden con el perfil de la tribu sagrada?

Es esencial acumular esa cantidad de personas para tenerlas cerca, aunque puede parecer intimidante. Este es el tamaño que debe tener una tribu para que todos se sientan apoyados cuando lo necesiten y que ningún miembro se vea obligado a apoyar a los demás más allá de lo que su resistencia o recursos le permitan.

Para empezar, puedes identificar a dos personas que podrías agregar a tu lista de la tribu sagrada. Con determinación, puedes alargar la lista de tus compañeros de salvación. Hay muchos lugares en los que puedes encontrar personas para tu tribu: en tu grupo familiar y de amigos, círculos de lectura, lugares de culto, grupos de doce pasos, colaboraciones creativas, el trabajo, los estudios, reuniones de solteros, reuniones de Meetup o grupos de actividad física. Comienza a hablar con tus personas cercanas sobre la creación de este tipo de tribu y lo que significará para todos este tipo de apoyo mutuo.

La consciencia de uno mismo y la inteligencia relacional que has construido mientras progresas con este libro te servirán mucho a la hora de considerar nuevas incorporaciones a tu «familia elegida». Muestra tu vulnerabilidad en estas conversaciones. Di la verdad sobre lo que estás buscando y por qué. Debes saber que, probablemente, escucharás voces internas que intentarán impedir que establezcas estas conexiones. El miedo al rechazo, a herir a los demás y resultar herido forma parte de este proceso y no es motivo para evitar la búsqueda o permitir que te conformes con relaciones cercanas que no lo son realmente. Las personas que piensan que es raro no son las indicadas. Las personas correctas se acercarán y estarán felices de ayudarte a crear la tribu sagrada que todos necesitáis.

Cultivar con amor una relación grupal con aliados conscientes significa salvar tu alma mientras te conviertes en una persona indispensable en la vida de los demás: una necesidad que tenemos todos los seres humanos. Traemos una satisfacción verdadera a nuestra vida mediante la valoración de nuestra interconexión y nuestro impacto profundo.

Tu tribu es tu bote salvavidas y tu equipo de entrenamiento para sobrevivir. Cuanto te va bien, se alegran por ti y celebran cada paso que das para descubrir tu verdadera naturaleza divina. Cuando fallas, caes, te lastimas, chocas o sangras, esas personas están a tu lado para decir: «Estamos contigo. Te amamos. Te ayudaremos».

Celebrar la resiliencia de tu tribu sagrada

Conocí a Miranda hace doce años, cuando vino a una conferencia. En ese momento, estaba en un matrimonio abusivo con una pareja que habitualmente era cruel y mezquina y, en ocasiones, la amenazaba físicamente. Ya no tenía autoestima. Presentaba algunos de los elementos: era bailarina y una artista exitosa (fuego) y una escritora profesional (aire). Su salud física no era óptima, a pesar de realizar algunas prácticas nutricionales y antiinflamatorias (tierra), pero el estrés de su matrimonio y la soledad que sentía por dentro la estaban enfermando. El trauma continuo que experimentaba debilitó su sistema inmunológico. Con frecuencia, tenía infecciones respiratorias y urinarias y palpitaciones que le hacían pensar que se estaba muriendo. Debido a que su esposo la dominaba, la hacía dudar de su cordura y la amedrentaba, no se le permitía la vulnerabilidad y la sensibilidad de sentir (agua). Para mantener esta relación abusiva, tenía que permanecer entumecida. Decía que sentía que no encajaba con personas funcionales. Estaba atrapada en el secreto y la vergüenza y no tenía a nadie a quien pedirle ayuda.

Miranda se unió a un grupo de mujeres que no solo priorizaban sentir, sino que tenían como objetivo la comunicación social y emocionalmente inteligente. Crearon un espacio seguro para que ella comenzara a compartir lo que realmente sucedía en su matrimonio, pero no la dejaron encerrarse en el papel de víctima. A medida que afirmaban sus talentos, comenzó a sentir profundamente la diferencia entre este trato y la constante erosión de su autoestima por parte de su pareja. Mantuvo el fuego y el aire, la danza, el aprendizaje y la escritura; continuó mejorando en su nutrición. El verdadero cambio fue que se acostumbró a disponer de un espacio de compasión, vulnerabilidad y transparencia. Comenzó a pedir ayuda a personas fuera de su grupo de mujeres y a llamarlas para que la acompañaran aceptando su vulnerabilidad y sensibilidad. Se divorció de su pareja violenta y conoció a otra que ejemplificaba la vulnerabilidad y la sensibilidad y que le permitía desarrollar esa parte de ella. En su vida laboral, se comprometió con un grupo afín que fomentaba su transparencia y falibilidad día a día. Elogiaban y felicitaban sus logros creativos, emocionales y físicos. En nuestro último encuentro, gracias al amor y el apoyo de su tribu sagrada, se mantuvo comprometida con la autosuperación en las áreas de los cuatro elementos.

El caso de Bob es más aleccionador. Era uno de los mejores instructores de gimnasia aeróbica del mundo. Influenciado por la lógica y los estilos visionarios del elemento aéreo de Joe Dispenza y *El secreto*, Bob se había desarrollado tanto como se puede en el fuego (actividad física) y el aire (aprendizaje intelectual). Aunque estaba en increíble forma, a menudo abusaba del alcohol, que es muy inflamatorio y diluye la buena energía del fuego y el aire. Bob tampoco se permitía ser vulnerable, dependiente o ni siquiera llorar. No había desarrollado las cualidades acuáticas del sentimiento, la vulnerabilidad y la ternura. Esto se convirtió en un patrón tan marcado que su necesidad de tener el control condicionaba cada momento del día. Bob había logrado tener un gran éxito y reconocimiento social pero, cuando llegó la crisis, se aisló de las personas más cercanas a él. Su máxima prioridad era mantener el poder y el control, lo que le impedía usar la crisis como una oportunidad para celebrar el crecimiento y la conexión con el corazón. Se volvió tan arrogante, recto y estricto que las personas no querían relacionarse con él, lo que lo llevó a refugiarse más en el alcohol para lidiar con los sentimientos reprimidos. Como consecuencia, perdió a sus amigos más queridos y su posición profesional.

Todos preferimos un elemento sobre otros y nos especializamos en uno o dos, pero si no le prestamos atención a los cuatro, el desequilibrio será problemático... y, tal vez, nuestra ruina.

Ejercicio: Grupos en la comunidad

En nuestra vida tenemos oportunidades de formar conexiones duraderas en la comunidad o los grupos de afinidad, lo que refleja otra faceta relevante del decimoprimer dominio. Por lo general, desarrollamos una forma estándar de unirnos y contribuir.

Observa la siguiente lista. ¿De qué formas participas en grupos? Marca todas las opciones que reconozcas en ti. Presta especial atención a tus expresiones poco hábiles.

Fuego

- ☐ Líder exuberante
- ☐ Animador/a
- ☐ La persona que habla y actúa con coraje
- ☐ La persona que inicia las cosas
- ☐ Héroe/Heroína que los salva
- ☐ La primera persona en controlar una crisis
- ☐ La persona que causa problemas por su impulsividad
- ☐ La persona que reacciona con ira cuando no se sale con la suya
- ☐ La persona que se da por vencida de repente
- ☐ La persona que monopoliza la atención
- ☐ La persona que exagera y promete demasiado

Tierra

- ☐ Líder organizado
- ☐ La persona que recuerda los detalles
- ☐ La persona fiable
- ☐ La persona sensata y prudente
- ☐ La persona trabajadora y humilde
- ☐ La persona orientada a la seguridad
- ☐ La persona poco aventurera
- ☐ La persona pesimista
- ☐ La persona metódica y temerosa
- ☐ La persona que espera que los demás hagan el trabajo
- ☐ La persona que queda atrapada en la nostalgia

Aire

- ☐ La inspiración del grupo
- ☐ La persona visionaria

☐ La persona elocuente y artífice de la palabra

☐ La persona que provee interludios ingeniosos

☐ La persona con actitud positiva

☐ La persona con una perspectiva equilibrada

☐ La persona que hace preguntas importantes sobre temas relevantes

☐ La persona distraída

☐ La persona cabeza hueca en la que no se puede confiar

☐ La persona mentirosa

☐ La persona que huye cuando el trabajo es demasiado duro

Agua

☐ El corazón del grupo

☐ El/La líder compasivo/a

☐ La persona que se da cuenta de los sentimientos

☐ La persona que defiende la moral

☐ La persona que ayuda a los demás a sentirse seguros

☐ La presencia calma y amable

☐ La persona que depende del apoyo

☐ La persona que está constantemente buscando reconocimiento

☐ La persona que se victimiza

☐ La persona que crea mal ambiente con su malhumor

Grupos en la comunidad: Práctica

Piensa en las expresiones que has marcado y en qué parte de la lista de elementos has encontrado la mayoría de las opciones que son verdaderas para ti. Dedica un tiempo a escribir o conversar sobre expresiones que podrías mejorar o perfeccionar y que no pertenecen a tu elemento predominante.

A partir de ahora...

La vida en grupo es fundamental para nuestra existencia. Para que un grupo o una comunidad funcione con una vibración óptima, necesitamos participantes que representen los cuatro elementos. Sin un liderazgo firme, una base sólida, amplitud e inspiración y un espacio de empatía y cuidado, los grupos fracasan inevitablemente o causan daños.

Ahora que has reconocido cómo te presentas la mayoría de las veces en tus grupos y has identificado las maneras en las que podrías hacer una contribución eficaz, intenta alentar a otros. Presta atención a la composición elemental de las personas en la forma en que tienden a mostrarse con o sin habilidad en grupos. Observa el lugar en el que brillan y refleja lo que ves en ellos. Conversa con tu tribu sagrada sobre cómo cada uno de vosotros puede pulir su participación y volverse más conscientes de sus roles para elevar y mejorar la vida del grupo.

CAPÍTULO DOCE

········ ✦ ········

El decimosegundo dominio:
Espíritus y tentaciones

En astrología, se conoce la Casa 12 como la de los asuntos pendientes. Está relacionada con los mundos ocultos y cómo nos afectan, y es la última casa antes del comienzo del zodiaco. Este sector refleja temas de alta sensibilidad: enfermedades mentales, instituciones médicas, adicciones, habilidades psíquicas, talentos musicales y artísticos, espiritualidad y servicio. También refleja la energía de ángel de la guarda y la fortuna que proviene de la devoción al espíritu. En este capítulo sobre el decimosegundo dominio, nos enfocaremos en las maneras en que puedes desarrollar tu sensibilidad y tu fortuna espiritual.

········ ✦ ········

ILUMINACIONES

Las personas que tienen más de dos planetas en la Casa 12 son llamadas a dedicarse a la humanidad de una manera profundamente artística o espiritual. Si no se utilizan estas energías productivamente, se vuelven abrumadoras y perturbadoras.

Muchos de mis clientes que han lidiado con adicciones tienen planetas en la Casa 12. Esto indica que no han sido capaces de controlar su sensibilidad extrema desde el principio y han buscado alivio en algunas formas de escape. Los líderes del movimiento de recuperación han aprendido cómo manejar estas sensibilidades en nombre de la comunidad. También descubrieron que, mediante el servicio a la idea de unidad, se curan más en el proceso.

Kevin, un joven que conozco, es un buen ejemplo. Comenzó a luchar intensamente contra una adicción mientras todavía era adolescente. Tiene Luna en Aries en Casa 12, que también refleja el hecho de que su madre sufrió de una enfermedad mental (la Luna en la carta natal representa la relación con nuestra madre). Con una gran cantidad de apoyo en programas de rehabilitación de gran calidad, así como mucha fuerza de voluntad y motivación gracias a su Luna en Aries en Casa 12 y su ascendente en Aries, no solo sanó (en el momento en que estoy escribiendo, ya lleva 6 años sin consumir), sino que también se ha dedicado a ayudar e inspirar a otros durante su recuperación.

En este capítulo, primero observaremos cómo te conectas con lo divino. ¿Cómo mantienes la conexión profunda con el espíritu, en un espacio en el que respiras al ritmo del universo? Luego, piensa cómo desarrollas y reconoces tus habilidades psíquicas y explora la importancia de estas habilidades en la búsqueda de una vida plena y acorde con tus valores.

El primer ejercicio se enfoca en las maneras en las que podemos acceder a lo divino y las formas en las que nos alejamos de él. En la actualidad, todos vivimos con más ansiedad y depresión que nunca. Las distracciones y el ruido constantes de nuestras vidas digitalizadas provocan un cortocircuito en las antenas que necesitamos para conectarnos con lo divino. Comienza identificando cinco nuevas formas de sintonizar con lo divino. Mientras marcas esta lista, puede que sientas la necesidad de reforzar el poder de estas antenas espirituales. En mi caso, cuantos más elementos aplico a mi relación cósmica, mi vida transcurre con más tranquilidad y constancia. ¡Ahora te toca a ti!

Ejercicio: Puntos de acceso

Marca todas las actividades que te gustaría realizar para acceder a la naturaleza divina:

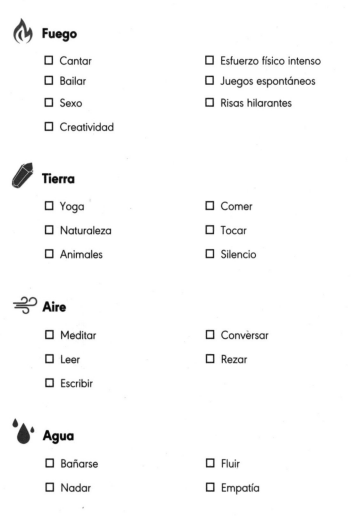

Fuego

- ☐ Cantar
- ☐ Bailar
- ☐ Sexo
- ☐ Creatividad

- ☐ Esfuerzo físico intenso
- ☐ Juegos espontáneos
- ☐ Risas hilarantes

Tierra

- ☐ Yoga
- ☐ Naturaleza
- ☐ Animales

- ☐ Comer
- ☐ Tocar
- ☐ Silencio

Aire

- ☐ Meditar
- ☐ Leer
- ☐ Escribir

- ☐ Conversar
- ☐ Rezar

Agua

- ☐ Bañarse
- ☐ Nadar

- ☐ Fluir
- ☐ Empatía

☐ Océano   ☐ Compasión

☐ Catarsis

Puntos de acceso: Práctica

Conversa con un miembro de tu tribu sagrada, escribe o haz arte sobre tus maneras favoritas de sentir la conexión divina. Antes de comenzar, pon un temporizador de veinte a treinta minutos y entrégate por completo al recuerdo de esa conexión, permitiendo que tu expresión fluya desde ese lugar. Incluye muchos detalles sobre lo que haces y lo que sientes en esos momentos. Si eliges hacer una obra de arte, cuélgala en algún lugar que veas a menudo para recordarte esa conexión.

Ejercicio: Vicios

Las estrategias que usamos para escapar hablan mucho sobre el lugar en el que nuestros elementos están desequilibrados. Los vicios son una parte importante del ser humano y son tan naturales como respirar; cada uno de nosotros sabe si esos vicios sirven para buscar placer o si los realizamos como rituales inofensivos o como grilletes que restringen nuestra conexión con lo divino.

Marca todos los vicios en los que incurres cuando te sientes desconectado del espíritu:

🔥 Fuego

☐ Berrinches   ☐ *Selfies*

☐ Alcohol   ☐ Amoríos

☐ Conducir rápido   ☐ Viajes constantes

☐ Hazañas temerarias   ☐ Robos

☐ Sexo casual

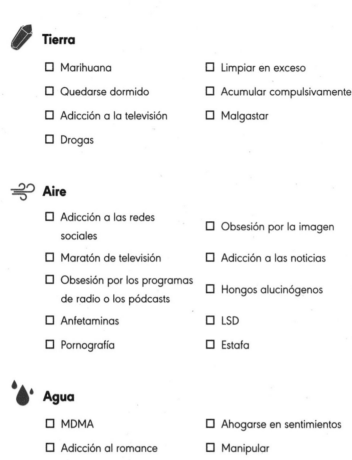

Tierra

- ☐ Marihuana
- ☐ Quedarse dormido
- ☐ Adicción a la televisión
- ☐ Drogas
- ☐ Limpiar en exceso
- ☐ Acumular compulsivamente
- ☐ Malgastar

Aire

- ☐ Adicción a las redes sociales
- ☐ Maratón de televisión
- ☐ Obsesión por los programas de radio o los pódcasts
- ☐ Anfetaminas
- ☐ Pornografía
- ☐ Obsesión por la imagen
- ☐ Adicción a las noticias
- ☐ Hongos alucinógenos
- ☐ LSD
- ☐ Estafa

Agua

- ☐ MDMA
- ☐ Adicción al romance
- ☐ Codependencia
- ☐ Autolesiones
- ☐ Ahogarse en sentimientos
- ☐ Manipular
- ☐ Victimizarse

Vicios: Práctica

Conversa con un miembro confiable de tu tribu sagrada, escribe o haz arte sobre los vicios que has marcado. ¿En cuáles de ellos te sumerges de vez en cuando, sin tener la sensación de que te dominan? ¿Cuáles pueden convertirse en obsesiones dañinas que te separan de tu «yo» superior?

Si algunos de tus vicios son adictivos o dañinos, es esencial que busques ayuda profesional. Cuando tenía poco más de veinte años, estaba deprimida, sufría de un trastorno alimenticio y contemplaba la posibilidad de autolesionarme. Cuando busqué ayuda, descubrí que todo se puede resolver con suficiente apoyo y cuidado profesional. No está bien tener un vicio que no te libera y que perjudica tu salud y la felicidad en tu vida. He atendido a cientos de clientes que cambian su vida por completo cuando se dan cuenta de que no deberían avergonzarse de admitir que tenían un problema y necesitaban ayuda.

Además, todos tenemos vicios que nos fastidian. Son solo recordatorios molestos de que somos imperfectos. Al comenzar a ver que los vicios son sustitutos de la felicidad y la salud de todo el cuerpo, podemos hacernos cargo de ellos poco a poco y encontrar nuevas formas de abordar las necesidades psicológicas y emocionales no satisfechas que esconden.

Fomentar tus habilidades psíquicas

Muchas personas me piden que las ayude a reconocer o desarrollar sus aptitudes psíquicas. Tiene sentido que me confíen su deseo, ya que creo —según mi experiencia— que todos somos psíquicos en algún punto y podemos desarrollar nuestras habilidades premonitorias innatas para mejorarlas y utilizarlas de manera más completa.

> ✦
>
> Si se llama la Red psíquica, ¿por qué necesitas un número telefónico?
>
> —Robin Williams (tenía Sol, Luna y Marte en signos acuáticos y psíquicos)

Hay mucho escepticismo sobre los psíquicos, y es verdad que algunos de ellos son impostores. También es verdad que muchas personas abusan de sus habilidades para acceder a mundos paralelos. Mi deseo no es apoyar o promover este tipo de fraude, sino apoyarte *a ti* a conectarte con la consciencia colectiva. Confío en que usarás tus nuevos dones para el bien y no para obtener ganancias ilícitas.

¿Por qué deberíamos intentar tener más presentimientos, para ver, sentir, oír o saber las cosas antes de que sucedan? Ejercitar esta habilidad nos ayuda a navegar la corriente cósmica de la vida con un barco más fuerte. Nos armoniza con los ritmos del universo. Aprovechar nuestras fortalezas psíquicas es una práctica de alineación divina. Por ejemplo: Fatima me cuenta que siempre sabe cuándo su hermana está a punto de llamarla por teléfono, porque siente una pequeña cosquilla en la oreja izquierda. Journey dice que, antes de cualquier tormenta fuerte, sueña con un cuervo que vuela a través de un arcoíris. Elaine siente un golpe en el abdomen cuando alguien que ama va a enfermar. Robbie escucha una canción en particular en la radio del coche justo antes de que suceda algo afortunado.

Este tipo de premoniciones está al alcance de todos. Aprovecharlo es un recordatorio reconfortante de que somos parte de algo que trasciende lo conocido.

ILUMINACIONES

Los signos o los planetas que tienes en tu Casa 12 te darán una pista de cómo aumentar tus poderes psíquicos. Por ejemplo: Suzu tiene Saturno en Escorpio en Casa 12 y ha descubierto una apertura psíquica increíble mediante el estudio riguroso de los textos antiguos y misteriosos sobre la Ilustración.

Lala tiene Luna en Géminis en Casa 12 y pasa mucho tiempo imaginando conversaciones con árboles y hadas. Se desconecta con estas conversaciones imaginarias con una sabiduría psíquica profunda. Tasha, que tiene Venus en Tauro en Casa 12, trabaja con incienso sagrado y rocíos de aura para expandir su canal psíquico.

Ejercicio: Habilidades psíquicas

A continuación encontrarás algunas maneras específicas para que cada elemento aproveche su línea directa psíquica interna. A medida que leas la lista, encierra en un círculo las que ya experimentas. Subraya aquellas que desearías experimentar pero que aún no has logrado.

Fuego

Una canción que habla sobre ti subliminalmente y cuya letra parece estar enviándote un mensaje.

Sientes un ardor poderoso o un hormigueo que parece ordenarte que te detengas y te preguntes qué está sucediendo.

Sigues rompiendo cosas, o las cosas se rompen a tu alrededor, lo que indica que es hora de detenerte y preguntarte: ¿A qué no estoy prestándole atención?

Sigues encontrándote con la misma persona sin razón alguna y comienzas a preguntarte: ¿Qué mensaje necesitamos darnos?

Sientes una llamada repentino para ir a un sitio y hacer algo por alguien. Lo verificas y te das cuenta de que la persona en la que pensaste necesita tu ayuda o tu amor.

Tierra

Sientes una sensación fuerte en la boca del estómago cuando necesitas ser más consciente de tu entorno y protegerte más.

Sientes atracción por un lugar específico en la naturaleza que es como tu punto de referencia sanador. Tu cuerpo y tu alma se relajan inmediatamente y se regeneran cuando estás ahí.

Justo antes de comer algo, te das cuenta de que la comida no es adecuada para ti en ese momento, por lo que te abstienes.

Cuando abrazas a alguien, recibes muchas vibraciones sensoriales que te indican lo que le está sucediendo.

Tienes una relación asombrosa con los animales: parece que anticipan tus movimientos y te sirven de una manera específica y telepática.

🌬 Aire

Cuando te sientas a escribir, las palabras fluyen a través de ti hacia la página.

Justo después de escuchar ciertas expresiones en tu mente, alguien dice exactamente las mismas palabras.

De alguna manera, sabes que algo genial (que no has comprado) llegará por correo... Y sucede.

Ciertas palabras sobresalen de la página para decirte lo que está por suceder.

Sueles darte cuenta de que, en un momento específico del día, tú y tu pareja estabais pensando lo mismo el uno del otro.

Sabes que fenómenos meteorológicos se acercan antes de que se anuncien.

💧 Agua

De repente, tienes sentimientos que no son tuyos y te das cuenta de que estás absorbiendo el estado emocional de otra persona.

Sueñas cosas que suceden al día siguiente.

Recuerdas constantemente a alguien del pasado... Y, luego, aparece.

Cuando cantas o bailas con alguien, de alguna manera puedes sentir exactamente cómo se siente, qué es lo que le importa y cómo se moverá a continuación.

Cuando estás con alguien, puedes sentir su dolencia o enfermedad en tu cuerpo como si fuera tuya, y esto puede ser una guía para ayudarlo a encontrar maneras de curarse.

Habilidades psíquicas: Práctica

Ahora que hemos anotado las habilidades psíquicas que ya tenemos y aquellas que deseamos cultivar, podemos atraer curiosidad, atención consciente y veneración a nuestra vida diaria abriéndonos a una resonancia mayor con las energías ocultas. Comparte las conexiones psíquicas que experimentes con los miembros de tu tribu sagrada. Estás aprendiendo a reconocer las diferencias entre un acierto psíquico real y las fantasías y las historias mentales que inventamos por la ansiedad, la paranoia o un fenómeno de deseos ilusorios.

Desarrollar tus habilidades psíquicas

Hay muchas maneras alegres de entrenar tu «músculo» psíquico. Me gusta jugar a las cartas con amigos y adivinar la siguiente carta que aparecerá en la baraja de tarot. A veces, cuando estoy conduciendo y escuchando una emisora de radio, intento adivinar el artista musical que sonará a continuación. Con uno de mis grupos de amigos, nos gusta reunirnos para pedir deseos y registrar cuándo se vuelven realidad. La mejor manera de mantener abierta tu línea directa psíquica es (a) saber que tienes esta capacidad y (b) apoyarte lúdicamente en esta energía y dejarte llevar. Cuanto más practiques esta habilidad, más dominio tendrás.

A continuación se detallan algunos consejos para cultivar tus habilidades psíquicas a través de los elementos:

🔥 Fuego

Cuando te enfrentas a un dilema y todavía no tienes una respuesta, da un paseo ligero o corre (sin auriculares... Déjalos en casa). Pídele a tu naturaleza divina que te brinde un golpe instantáneo de conocimiento cuando termines de esforzarte.

Cuando estés en una encrucijada y quieras acceder a tu intuición, intenta sacudir tu cuerpo energéticamente, de forma firme y contenida, hasta que transportes la energía a una vibración nueva.

Siéntate junto a una chimenea o una fogata y observa las llamas. Al cabo de un tiempo, cuando te hayas perdido en las llamas, pídeles que te revelen un conocimiento más profundo. Llegará.

Enciende una vela mientras buscas una respuesta específica a una pregunta. Déjala consumirse durante la noche. Cuando la vela se haya derretido por completo, siente la respuesta en tu interior.

Tierra

Siéntate en silencio debajo de un árbol. Concéntrate intensamente en extraer conocimiento de la tierra.

Haz una pregunta sincera a tu intuición divina. Espera y recibe una confirmación sutil.

Crea un altar para tus ancestros. Agrega todo lo que pueda considerarse una ofrenda: flores, piedras, palitos u otros objetos preciados. Escribe una nota agradeciéndoles su visión y su orientación positivas. Cuando termines el altar, haz una pregunta a tus ancestros y confía en que la respuesta llegará.

Planta algo en tu jardín o en algún lugar de tu vecindario: un árbol o cualquier otra planta. Invierte en esta semilla como si simbolizara el crecimiento de tus habilidades psíquicas. Visita la planta con regularidad y cuídala mientras crece. Se convertirá en un punto de referencia para tu intuición en desarrollo.

Prepara una comida especial destinada a tus guías psíquicos. Prepárala con mucho amor y atención. Haz que cada paso de la preparación sea un ritual de reverencia para tu clarividencia creciente. Mientras consumes este festín sagrado, siéntelo como un sacramento para tu intuición. Repite el proceso cada vez que necesites tener más confianza en el verdadero conocimiento de tu instinto.

Aire

Todas las mañanas, escríbeles una carta a tus guías divinos, especialmente para agradecerles su ayuda. Esta actividad por sí sola ha aumentado enormemente mis habilidades psíquicas. Debe hacerse diariamente para que sea eficaz.

Consigue un mazo de cartas de tarot. A mí me gusta el tarot mítico, pero cualquiera sirve. Todos los días, elige una carta que refleje tu estado de ánimo actual. Luego, pregunta qué mejoraría ese estado y elige otra carta.

El simple acto de aprender el significado de las cartas y preguntar indicaciones místicas ampliará tus sensibilidades psíquicas.

Coloca un par de libros sobre cómo desarrollar la intuición junto a tu cama. Todas las noches, antes de irte a dormir, lee un capítulo. El hábito de pensar sobre habilidades psíquicas o intuitivas potenciará tu capacidad.

Buscar señales en la naturaleza es una gran manera de mejorar tus habilidades psíquicas. Conserva una pregunta en tu corazón mientras das un paseo tranquilo en un sitio natural y silvestre. Pide que te den una señal que te ayude a responder esa pregunta. Mantén los ojos abiertos para recibir una señal visual, escucha con atención para captar una señal auditiva. Te sorprenderá cómo la naturaleza te revelará conocimiento.

Agua

Date una ducha o un baño de inmersión y mantén una pregunta en tu corazón. Imagina que el agua es una fuente o un lago de sabiduría divina. Deja que el agua disuelva tu mente y la convierta en una sensación cálida en tu cuerpo. Permite que la sensación de esta fusión te brinde claridad. Sé receptivo; con el tiempo, el agua te guiará hacia respuestas dulces y verdaderas.

Llorar es uno de los mejores métodos para abrir el camino a la intuición. Si desarrollas tu maestría en el llanto, puedes aprovechar un vasto conocimiento psíquico. Llorar con la presencia de un testigo cariñoso nos ayuda. Muchas personas sienten vergüenza de las lágrimas porque saben que no pueden contener el intenso dolor que sienten dentro. Déjame asegurarte que, si aprendes a soltarte por completo y sollozar hasta la última lágrima, puedes eliminar tremendos bloqueos de tu intuición divina. Haz una pregunta antes de comenzar tu catarsis lacrimosa; cuando hayas liberado la emoción por completo, vuelve a preguntar. Tendrás una visión nueva.

Elige un vaso que sea tu portal de cristal sagrado. Bebe el agua pura y cristalina lenta y cuidadosamente en un momento específico todos los días. Mientras bebes a sorbos, imagina que cada gota realza tu claridad emocional.

Haz una pregunta antes de beber cada vaso. Con el tiempo, tu susceptibilidad crecerá y se profundizará.

Usa un rocío aural o un aceite esencial para abrir el chakra del tercer ojo. Cuando llevas atención atenta y relajada a ese punto central entre tus ojos y sobre el puente de la nariz, realzas tu antena psíquica. El ritual de respirar aromas que abren el alma a este portal sensible de la percepción aumenta tu capacidad innata de ver las cosas con claridad. Si haces esto con constancia y con fe paciente, tu visión interior se expandirá.

A partir de ahora...

¿Cómo te alejas de la conexión con lo divino? Puedes reconocer la desconexión por el sentimiento vacío que conlleva, necesitas sustancias u objetos para satisfacer tu bienestar. Para nutrir tu decimosegundo dominio, mantén tu atención en los momentos en que te desconectas o deseas desconectarte. Continúa explorando lo que funciona para volver a conectarte con las fuentes divinas eternas.

Todos los puntos de acceso al conocimiento psíquico pueden fortalecer nuestra fe, nuestra claridad de acción y nuestra expresión. Todas estas maneras de conocimiento están a tu alcance, sin importar tu composición elemental. En la medida en que practiques cada una de esas maneras, tu alineación se volverá más fuerte y resistente. Independientemente de cómo funcionas en este canal psíquico, cuanta más energía dediques, más conexión sentirás con los ritmos mágicos y el continuo de la vida.

Al fin y al cabo, la magia es simplemente una fantástica expansión de energía sin motivaciones ocultas. Es creer en los milagros y que la vida no nos sucede, sino que sucede para nosotros.

VIDA PLENA PERSONAL: PENSAMIENTOS FINALES

Este libro es una exploración de los elementos a través de doce dominios de experiencia diferentes.

Si has trabajado cada capítulo con sinceridad, te habrás sumergido en las profundidades para incorporar los elementos fuego, tierra, aire y agua en:

Tu presentación

Tus valores básicos y tu autoestima

Tus comunicaciones

Tu hogar y tu ambiente personal

Tu vida amorosa y tu expresión creativa

Tu salud y tu rutina

Tus parejas y tu lenguaje de apoyo

Tu vida sexual

Tu viaje interno y externo y la creación del sentido de la vida

La creación de tu legado

Tu círculo de afinidad o amistad

Tu acceso espiritual y tus tentaciones

Incorporar todas las fortalezas de cada elemento a estos dominios proporciona descargas constantes de energía positiva y vitalidad y ofrece la oportunidad de vivir una vida plena.

La vida nunca es estática o predecible. Se necesita la práctica diaria para permanecer comprometidos con una expresión completa y sólida de nosotros mismos en contextos cambiantes. Cuando se te agote la batería de cualquier área, puedes usar este libro para recordar tus opciones y tus posibilidades. Idealmente, involucrarás a tus amigos y seres queridos en el proceso de descubrimiento de este libro con el fin de que tengáis un lenguaje y una hoja de ruta en común para ayudaros mutuamente en el florecimiento y el aprendizaje continuo.

Como bien dijo Sócrates, una vida sin examen no merece la pena ser vivida. Dicho de esta manera, su afirmación solo representa la perspectiva de la mente o del elemento aire. Humildemente, propondría una modificación que incorpore los cuatro elementos: la vida plena vale todos los esfuerzos y tropiezos.

Estamos aquí solo por un breve destello de tiempo. ¿Por qué dejar algo pendiente?

ANEXO 1

$\cdots\cdots$ $+$ $\cdots\cdots$

Comprender tu carta natal

Una carta natal es una «fotografía» abstracta del sistema solar vista desde la perspectiva de tu lugar de nacimiento en el momento exacto de tu llegada al mundo. Muestra las posiciones de los cuerpos astrales significativos dentro de los signos del zodiaco trazados en el cielo. A primera vista, los símbolos y la geometría de la carta pueden parecer un rompecabezas críptico pero, cuando comprendemos el significado de los símbolos y las maneras en que se ubican en la estructura, puedes interpretar una carta como un guion cósmico de tu personalidad y tu camino de vida únicos. Tu carta natal contiene una gran cantidad de información sobre los atributos que se mantienen relativamente constantes en tu vida. Un astrólogo que lee tu carta no solo te hablará sobre estos atributos, sino que recopilará información sobre ti *en ese momento exacto* observando los movimientos en curso de los planetas en relación con los puntos fijos de tu carta natal.

Para comprender cómo funciona una carta natal, usaremos el ejemplo de la heroica Rosa Parks. La razón por la que he elegido a Rosa Parks es que su coraje tuvo un gran impacto en mi juventud al punto de influenciar mi educación como joven activista por los derechos civiles. Me demostró que una persona que está dispuesta a sobresalir puede marcar la diferencia. Su dignidad, su entereza y su devoción por la igualdad me han inspirado y guiado.

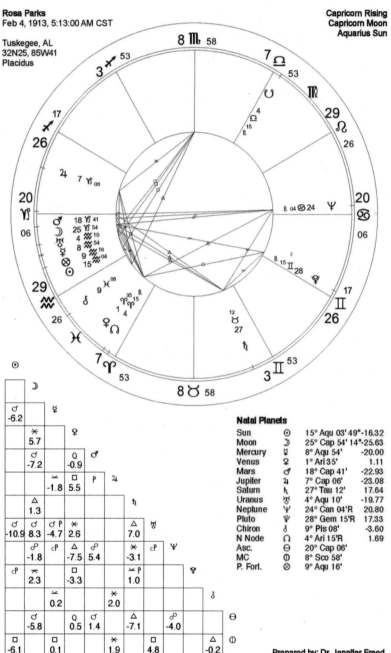

Rosa Parks
Feb 4, 1913, 5:13:00 AM CST

Tuskegee, AL
32N25, 85W41
Placidus

Capricorn Rising
Capricorn Moon
Aquarius Sun

Natal Planets

Sun	☉	15° Aqu 03' 49"	-16.32
Moon	☽	25° Cap 54' 14"	-25.63
Mercury	☿	8° Aqu 54'	-20.00
Venus	♀	1° Ari 35'	1.11
Mars	♂	18° Cap 41'	-22.93
Jupiter	♃	7° Cap 06'	-23.08
Saturn	♄	27° Tau 12'	17.64
Uranus	♅	4° Aqu 10'	-19.77
Neptune	♆	24° Can 04'R	20.80
Pluto	♇	28° Gem 15'R	17.33
Chiron	⚷	9° Pis 08'	-3.60
N Node	☊	4° Ari 15'R	1.69
Asc.	Θ	20° Cap 06'	
MC	Ⓜ	8° Sco 58'	
P. Fort.	⊗	9° Aqu 16'	

Prepared by: Dr. Jennifer Freed

Aunque se pueden crear cartas usando diversos estilos y sistemas, todas tienen forma de rueda y están divididas en doce secciones. Estas secciones se llaman *casas*. La Casa 1 comienza donde encontrarías la flecha apuntando el «oeste» en una brújula, donde aparece el «1» en la carta natal de Rosa. Desde ese punto, las casas continúan en dirección contraria a las agujas del reloj y la Casa 12 termina donde comienza la Casa 1. Las líneas dibujadas entre las casas, como radios de una rueda, se llaman *cúspides*, y delinean con claridad el final de una casa y el comienzo de la siguiente.

Cada casa encapsula un reino específico de la experiencia de vida. Por ejemplo, la Casa 7 es el espacio de las relaciones, mientras que la Casa 4 es la zona del hogar y la familia. Juntas, las casas son los marcos y los escenarios a través de los cuales transcurre la historia del gráfico.

Dentro de las casas, notarás símbolos esparcidos. Cada símbolo representa un planeta. Puedes pensar en los planetas como personajes de una obra de teatro, y cada uno encarna sus motivaciones y objetivos. En algunas cartas los planetas se dispersan ampliamente, mientras que en otras —como la de Rosa— la mayoría se concentra en una o dos casas. No te preocupes si algunas de tus casas están «vacías». ¡Las casas llenas de planetas son simplemente aquellas en las que hay mucha acción en tu vida!

El Sol y la Luna se consideran dos de los «planetas» astrológicos claves, y a veces se los llama *luminarias*. En comparación con el resto del sistema solar, las luminarias progresan relativamente rápido de un signo zodiacal (y de la casa de tu carta) al siguiente. ¡La Luna cambia de signo cada dos días y medio! Por lo tanto, la posición de la Luna y el Sol son bastante específicas para una carta natal, lo que brinda una base importante para el resto de la historia. (Por supuesto, la Tierra es la que orbita alrededor del Sol y no al revés. Cuando hablamos de los planetas astrológicos que se «mueven» entre signos y casas, nos referimos en realidad a la *apariencia* del movimiento desde el punto de vista de la Tierra). El Sol representa tu identidad esencial y tu vitalidad, mientras que la Luna representa tus necesidades emocionales y la naturaleza de tus sentimientos.

Lo siguiente a considerar son los *planetas personales:* Mercurio, Venus y Marte. Mercurio ayuda a explicar cómo pensamos y nos comunicamos, mientras que Venus demuestra cómo te conectas y te relacionas. Marte representa tu impulso asertivo.

A Júpiter, Saturno, Urano, Neptuno y Plutón se los considera *planetas transpersonales*, cambian de signo con tal lentitud que su posición influye en generaciones en lugar de individuos. Júpiter se relaciona con la suerte, la abundancia y el crecimiento; Saturno, con la restricción y la sabiduría obtenida con el trabajo; Urano, con la rebelión alborotadora; Neptuno, con la espiritualidad y los sueños; y Plutón, con la muerte y la reencarnación.

A algunos planetas también se los califica como *benéficos* o *maléficos*. Se considera que Júpiter y Venus son benéficos, que traen energía positiva y agradable, mientras que Saturno y Marte, los maléficos, son más perturbadores y exigentes. Pero, por supuesto, ningún planeta es simplemente bueno o malo: todas las energías planetarias deben usarse sabiamente.

En la clave que se encuentra en la esquina izquierda inferior de la carta de Rosa, verás una lista de los planetas con sus símbolos. Esta carta y esta clave también incluyen el Nodo Medio (o Nodo Norte), un punto importante de la órbita de la Luna que se relaciona con el propósito y el destino, además de Quirón y Lilith, dos asteroides que podrían incluirse como la representación de heridas heredadas y las partes sombrías de la personalidad respectivamente. Si observas la clave, ¿puedes encontrar los planetas en la carta de Rosa y ver en qué casas se ubican? ¿Cuántos planetas hay en la Casa 1? ¿Cuántos de ellos son planetas personales y cuántos son transpersonales?

También notarás que hay líneas dibujadas con símbolos que van de un planeta a otro. Por ejemplo, hay una línea entre la Luna natal de Rosa (en Casa 1) y su Neptuno natal (en Casa 7). Estas líneas se utilizan para mostrar *aspectos*: ángulos específicos entre los planetas que podría instigar fricción o cooperación entre sus energías. Un *aspecto armónico*, en el que los planetas tienden a trabajar juntos en armonía, puede ser una *conjunción* cuando dos planetas se ubican en el mismo grado del mismo signo; un *sextil*, cuando dos planetas están separados por 60 grados; o un *trígono*, cuando dos planetas están separados por 120 grados. Un *aspecto dinámico*, en el que los planetas tienden a enfrentar sus objetivos opuestos, puede ser una *oposición*, cuando dos planetas están separados por 180 grados; o una *cuadratura*, cuando dos planetas se encuentran a 90 grados. Con cualquiera de estos aspectos puede haber una diferencia de 2 o 3 grados, pero cuanto más cerca estén los planetas de estos ángulos precisos, más potente será el efecto del aspecto. La línea entre la Luna y el Neptuno de Rosa muestra la oposición entre estos planetas, enfrentados en la rueda de la carta. La línea entre su Luna y Saturno muestra un trígono de 120 grados.

Para comprender verdaderamente una carta, no solo debemos observar los planetas y las casas, también debemos analizar los signos. Mientras que los planetas son cuerpos celestes, los *signos* son porciones enteras del cielo en las que se ubican los planetas, avanzando perpetuamente (y retrocediendo, durante la retrogradación) a su velocidad particular. Al analizar la casa en la que se encuentra un planeta, podemos comprender el contexto o el área de la vida en la que la persona lidiará con esa influencia planetaria, pero necesitamos conocer el signo del planeta para ver cómo se expresará allí. Los signos son como los disfraces o la trama de los planetas.

Para ver los signos zodiacales de la carta de Rosa, observa la parte exterior de la rueda. Cada uno de los símbolos grandes es un signo. Como sabrás después de leer este libro, cada signo astrológico se caracteriza por uno de los elementos. Aries, Leo y Sagitario son signos de fuego, luchadores y activos. Tauro, Virgo y Capricornio son signos de tierra, sólidos y pragmáticos. Géminis, Libra y Acuario son signos de aire, intelectuales y cerebrales; y Cáncer, Escorpio y Piscis son signos de agua, emocionales e intuitivos.

Los signos también se pueden categorizar por modalidades. Los signos cardinales se encuentran al comienzo de las estaciones: Aries en primavera, Cáncer en verano, Libra en otoño y Capricornio en invierno. Los signos fijos ocupan la mitad de las estaciones: Tauro en primavera,

Leo en verano, Escorpio en otoño y Acuario en invierno. Finalmente, los signos mutables cierran las estaciones: Géminis en primavera, Virgo en verano, Sagitario en otoño y Piscis en invierno. Puedes adivinar la simbología correspondiente: los signos cardinales se enfocan en la energía iniciativa, mientras que los signos fijos conllevan la tenacidad y la estabilidad para continuar los procesos y los signos mutables son hábiles para la adaptación y el cambio.

¿Cómo sabes cuál es el signo que rige cada casa? Usemos la Casa 4 de la carta de Rosa como ejemplo. La cúspide de la Casa 4 (esa línea justo antes del número 4) se intersecta con la sección de la parte exterior de la rueda que está marcada con el símbolo de Tauro. El final de la Casa 4 se intersecta con el segmento de la parte exterior del círculo que está rotulada Géminis. Aunque su Casa 4 termina en Géminis, se considera que está «regida» por Tauro, ya que Tauro está en la cúspide. Por lo tanto, esta casa está regida por el elemento terrestre taurino.

¿Ves el símbolo del planeta Saturno en la carta de Rosa? Encuentra la línea pequeña que marca su grado exacto en el círculo, que indica que se encuentra en la Casa 4 y, también, dentro de la zona de Tauro. El Saturno natal de Rosa está en Tauro en la Casa 4, regido por un elemento de tierra. Toda esta información (casa, signo y elemento, como también modalidad) nos ayuda a comprender cómo se presenta Saturno.

Cualquier persona nacida el mismo día y año que tú comparte casi, si no todos, los planetas en los mismos signos (y, por consiguiente, los elementos y las modalidades). Por ejemplo, todos los nacidos el 4 de febrero de 1913, como Rosa, tenían su Sol en Acuario. Pero todos los que nacieron unas horas más tarde que Rosa podrían haber tenido su Sol en Acuario en Casa 12 en lugar de Casa 1. ¡Alguien que nació alrededor del mediodía hubiera tenido su Sol en Acuario en Casa 10! Esto es debido a otra parte crucial de la carta natal: el ascendente.

Los signos están siempre organizados en el mismo orden, al igual que las casas, moviéndose alrededor de la carta en dirección contraria a las agujas del reloj. Sin embargo, para conocer el signo que aparece primero en tu carta, debes saber tu hora de nacimiento, la cual revela la región zodiacal que estaba ascendiendo en el cielo cuando apareciste en la Tierra. Por esta razón, el signo que se alinea con la Casa 1 de la carta se llama *signo ascendente* o *ascendente*. Nacida a las 5.12 de la mañana del 4 de febrero, Rosa tenía ascendente en Capricornio. ¿Ves el lugar en el que la cúspide de la Casa 1 se intersecta con la sección externa de la rueda que está rotulada con el símbolo de Capricornio? Su Luna en Capricornio cae dentro de la Casa 1, como también su Sol en Acuario, ya que la mayor parte del signo de Acuario también forma parte de su Casa 1. Sin embargo, alguien nacido a las 8 de la mañana habría tenido ascendente en Piscis, con Luna en Capricornio en Casa 11 y Sol en Acuario en Casa 12. Estas posiciones planetarias proporcionan algunas interpretaciones sustancialmente diferentes. Si vas a un generador gratuito de cartas natales en un sitio como astro.com e ingresas la fecha y el lugar de nacimiento de Rosa, pero experimentas con diferentes horas de nacimiento, verás todas las distintas configuraciones que podrían haber tenido las casas de su carta, incluso con sus planetas en los mismos signos.

Ahora analizaremos la carta natal de la actriz Mila Kunis. He elegido a Mila porque la conozco y es un espectacular ejemplo de una carta completamente plena y una gran historia de superación del trauma y las posibilidades de vivir una vida aventurera al extremo y dirigida con el corazón.

Mientras examinamos cada una de las casas, los signos y los planetas, y las maneras en que forman aspectos, podemos comenzar a analizar cómo la carta nos proporciona un mapa de la personalidad y el camino de esta gran estrella.

Dedica un momento para orientarte en la carta de Mila. Recuerda, puedes empezar por el lugar en el que la brújula apuntaría al oeste para encontrar la cúspide de la Casa 1, también conocida como ascendente o signo ascendente. Verás que el ascendente de Mila está en el signo de Virgo, que se encuentra en el círculo exterior de la carta.

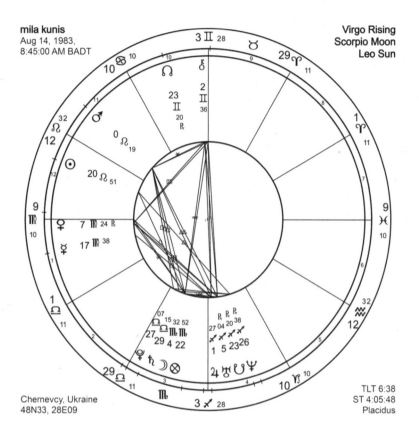

Chernevcy, Ukraine
48N33, 28E09

Virgo es un signo mutable de tierra, orientado al servicio, la precisión y la inteligencia práctica. Con un ascendente en Virgo, Mila aparenta ser inteligente y humilde con un agudo sentido de la razón. Sin embargo, para saber más sobre la «máscara» que usa en sus primeras impresiones, debemos considerar el importante aspecto astrológico en su ascendente. El planeta personal benéfico Venus está ubicado a los 7 grados de Virgo, el mismo grado del mismo signo de la cúspide de su Casa 1. Venus aporta belleza y habilidades relacionales al comportamiento de Mila, encarnadas a través del discernimiento exquisito y la perfección meticulosa de Virgo.

Hay otro planeta importante en Virgo y también en Casa 1: Mercurio, alrededor del grado 10 después de Venus. Este es el planeta de la comunicación, por lo que tiñe a Mila de una tendencia a la expresión inteligente de su vida diaria.

Observa atentamente y verás que la cúspide de la Casa 2 cae justo antes de los últimos grados de Virgo. Por lo tanto, técnicamente, la Casa 2 de Mila está regida también por este signo, aunque esté ocupada en su mayoría por el signo cardinal de aire de Libra, el siguiente signo del zodiaco. En Libra y casi al final de la Casa 2, encontramos a Plutón. Debido a que Plutón es uno de los planetas interpersonales, su posición zodiacal no es muy específica de Mila, sino que marca a su generación (todos los nacidos entre 1972 y 1984) con el poder y la responsabilidad de transmutar el «yo» por el «nosotros». Con Plutón en Casa 2, podríamos esperar que las metamorfosis más poderosas de Mila estén unidas a sus posesiones, valores y recursos físicos, los cuales son temáticas de la Casa 2.

Si avanzamos a la Casa 3, la de la comunicación, encontramos dos planetas importantes: Saturno en Libra y Luna en Escorpio. Saturno está relacionado con la responsabilidad y la restricción como componentes básicos para la madurez; por lo tanto, en el lugar en el que lo encontremos en la carta, veremos una capacidad especial para el dominio si se hace el trabajo adecuado. Con Saturno en Libra en Casa 3, Mila debe desarrollar una experiencia ganada con esfuerzo en la hermosa narración que promueve la armonía.

Con Luna en Casa 3, el bienestar emocional de Mila también está atado a la transmisión de ideas y narrativas, pero debemos considerar su posición en el fijo y acuoso Escorpio, conocido por sus pozos profundos de emoción y magnetismo. ¿No tienen cada vez más sentido los reconocimientos al trabajo de Mila?

La Casa 4, regida por el mutable y fogoso Sagitario, es la más poblada de su carta. Aquí encontramos tres planetas interpersonales y descubrimos algunos conocimientos que se alinean con su historia ancestral. Mila nació en Ucrania y sus abuelos son supervivientes del Holocausto. Cuando tenía siete años, su familia se mudó a Estados Unidos para buscar oportunidades laborales y escapar del antisemitismo de su pequeño pueblo ucraniano. Con Júpiter, Urano y Neptuno en el signo aventurero y mundano de Sagitario y en la Casa 4 de la familia y el hogar, podríamos suponer que encontraremos la volatilidad (Urano) y la posibilidad expansiva (Júpiter y Neptuno) de las raíces de Mila.

En las siguientes cinco casas de la carta (las Casas 5, 6, 7, 8 y 9, mientras seguimos avanzando alrededor de la rueda en dirección contraria a las agujas del reloj), no vemos planetas. Esto significa que, simplemente, estas zonas de la vida tal vez tengan menos energía que otras. Pero, de todos modos, tenemos que observar los signos que rigen cada casa para comprender los atributos que las ocupan.

La Casa 5 de Mila está regida por el signo cardinal y terrenal de Capricornio, que influye en sus proyectos creativos y las modalidades de expresión personal con ambición y dedicación. ¡Tiene sentido que sea una actriz protagonista y no secundaria!

Su Casa 6 está regida por el signo fijo de aire de Acuario. Esto llena sus actos de servicio y su trabajo diario de valores humanitarios poco convencionales.

Su Casa 7, de la pareja, está regida por el signo mutable de agua de Piscis. Con sus tendencias sensibles y soñadoras, Piscis hace que las relaciones de Mila sean transcendentales. Su Casa 8, de la intimidad, también está apenas regida por Piscis, instalando el mismo tipo de permeabilidad imaginativa en todas las maneras en que intercambia energía con los demás.

Su Casa 9 tiene como regente al cardinal y fogoso Aries. En todos los viajes, aprendizajes y exploraciones que rompen fronteras, Mila posee la confianza asertiva del signo del carnero.

En su Casa 10 encontramos a Quirón y el Nodo Norte en el signo mutable de aire de Géminis, que también rige esta Casa. Nuevamente, aquí vemos la importancia de la comunicación de la carta de Mila, esta vez a través del signo curioso y charlatán de Géminis en el área de la carta que se relaciona con la profesión y la vocación pública. Con los gemelos del símbolo, Géminis tiene un don natural para la astucia. El Nodo Norte señala el destino, mientras que Quirón marca las habilidades curativas a través de su talento para la interpretación.

La Casa 11 está regida por el signo de agua cardinal compasivo y protector de Cáncer, pero a medida que transiciona al valiente y fogoso Leo, encontramos a Marte aportando un impulso asertivo (eso es Marte) para la interpretación (eso es Leo) y un apasionado sentido de la personalidad. La Casa 11 es la parte más social de la carta, por lo que su posición podría explicar por qué a menudo puedes encontrar a Mila exhibiendo su simpatía en alfombras rojas y eventos especiales.

Finalmente, llegamos a la última casa, la Casa 12, donde encontramos el Sol de Mila a los 20 grados de Leo (el regente de la casa). La Casa 12 está asociada con los rincones oscuros de la mente y del inconsciente. No es sorprendente que Mila brille como actriz, ya que puede acceder a su sentido de la identidad más brillante dentro de la psiquis, permitiéndole capturar los matices de la identidad a través de los papeles que interpreta.

Para comprender por completo las complejidades de la carta de Mila, también debemos mirar los aspectos, los ángulos significativos que tienen los planetas entre sí. Pero centrémonos en uno de los más fuertes (es decir, que los grados del aspecto son especialmente precisos) y más significativos. Busca la Luna de Mila en el grado 4 de Escorpio en Casa 3 y, luego, sigue la línea hasta Venus en el grado 7 de Virgo. Estos dos planetas están separados por aproximadamente 60 grados, por lo que forman un sextil. Este es un aspecto armónico que permite que los cuerpos astrales colaboren entre sí y, debido a que Venus es un planeta benéfico, este es un presagio especialmente positivo, lo que proporciona a Mila un encanto particular y una tierna sensibilidad.

Luego, busca el Sol de Mila en el grado 20 de Leo y sigue la línea hasta Neptuno en el grado 26 de Sagitario. Estos planetas están separados por alrededor de 120 grados, lo que hace que el aspecto sea un trígono. Cuando Neptuno, el planeta de la inspiración soñadora, forma un trígono con el Sol, podemos esperar una gran creatividad e inspiración artística, que se canalizan intuitivamente.

Todos y cada uno de estos componentes de su carta natal ayudan a ilustrar por completo la individualidad de Mila. Mientras más planetas, signos, aspectos y casas tengas en cuenta, más información obtendrás. Pero, si tienes dudas, reduce todo al Sol, la Luna y el ascendente y podrás ver la manera en que Mila canaliza su corazón apasionado del Sol en Leo a través de su ascendente en Virgo para servir al bien colectivo, todo enraizado en la profundidad emocional y la capacidad de transformación que son la esencia del ser gracias a su Luna en Escorpio.

Tu carta

Ahora, cuando mires tu carta, también vale la pena analizar el ascendente por sí solo. Si el Sol revela la personalidad consciente de un individuo y la Luna expresa una identidad interna más tranquila, el ascendente demuestra una encarnación externa de estas energías. A veces, se lo describe como la «máscara» o la casa de la primera impresión, porque es una prueba importante de cómo nos ven aquellos que están con nosotros en el día a día. Una persona con un signo solar de fuego intenso y ambicioso puede parecer más tranquila y modesta si tiene el ascendente en un signo de tierra. Un ascendente frío, sereno y tranquilo en un signo del elemento aire puede ocultar una Luna en un signo de agua más sensible.

En el transcurso de tu vida puedes descubrir que tu relación con tu ascendente cambia. Mientras aprendes a ser dueño de tu Sol y tu Luna de una manera más visible, la apariencia del ascendente comienza a desvanecerse, revelando tus verdaderas necesidades y deseos en público. O puedes descubrir una multitud de maneras de personificar los atributos de tu ascendente a través de una amplia gama de experiencias y papeles que puedes desempeñar. De hecho, puede parecer que todas las posiciones de tu carta adoptan una nueva forma a medida que evolucionas, aprendiendo a convertirte en las versiones más evolucionadas de las oportunidades que presenta el guion general de tu carta.

A continuación encontrarás una hoja que puedes usar para comenzar a explorar tu carta, o puedes descargarla gratuitamente de astro.com. Primero, anotarás los signos regentes de las casas y sus elementos, prestando especial atención a la Casa 1 (el ascendente). Luego, buscarás todos los planetas y registrarás sus casas, sus signos y sus elementos, comenzando por los esenciales: el Sol y la Luna. Si no sabes tu hora de nacimiento, puedes indicar «desconocido» o 12.00. Aunque esto no revelará tu ascendente o las posiciones precisas de los planetas en las casas, aún podrás ver el signo de cada planeta y, por lo tanto, el elemento que lo rige.

Hoja de ejercicios

Mi **ascendente** (en la cúspide de la Casa 1) es _____, regido por el elemento _____. A continuación, detallo los signos regentes y los elementos del resto de las casas...

CASA	SIGNO REGENTE	ELEMENTO REGENTE
2		
3		
4		
5		
6		
7		
8		
9		
10		
11		
12		

Mi **Sol** está en el signo de _____, regido por el elemento _____.

Mi **Luna** está en el signo de _____, regido por el elemento _____.

A continuación, detallo las casas, los signos y los elementos del resto de los planetas de mi carta...

PLANETA	CASA	SIGNO REGENTE	ELEMENTO REGENTE
Mercurio			
Venus			
Marte			
Júpiter			
Saturno			
Urano			
Neptuno			
Plutón			

ANEXO 2

✦

Las casas:
Claves y frases

Las casas astrológicas representan las doce secciones de la vida o el área de experiencia. En la carta natal nos indican dónde sucede la acción planetaria.

Casa 1
Regida por el fuego cardinal de Marte

La manera en que te proteges del mundo y la manera en que el mundo te percibe

Casa 2
Regida por la tierra fija de Marte

Qué valoras y qué crees que tienes

Casa 3
Regida por el aire mutable de Mercurio

Cómo te comunicas y lo que dices; hermanos, viajes cortos, hábitos mentales, vecinos, escritura

Casa 4

Regida por el agua cardinal de la Luna

Tus raíces, tus orígenes, el hogar y la familia; también el final de tu vida

Casa 5

Regida por el fuego fijo del Sol

Expresión personal, cuán amado/a te sientes, amor romántico, descendencia, amoríos

Casa 6

Regida por la tierra mutable de Mercurio

Mente, cuerpo, espíritu, reevaluación de tu mundo interno, rutina diaria, aprendizajes, servicio

Casa 7

Regida por el aire cardinal de Venus

Relaciones con otros, sociedades y relaciones interpersonales, el otro, tu otra persona perfecta. El signo de la Casa 7 es lo que necesitas para completarte

Casa 8

Regida por el agua fija de Marte

Sexualidad, muerte y cargas; misterios, lo que está oscuro y oculto, cómo experimentas la muerte

Casa 9

Regida por el fuego mutable de Júpiter

Búsquedas, encontrar el sentido mediante viajes, educación superior, viajes largos, viajes para encontrar el alma

Casa 10

Regida por la tierra cardinal de Saturno

Destacar en el dominio público, éxitos públicos, lo que logras y cómo te ven en tu vida pública

Casa 11

Regida por el aire fijo de Urano

Experiencia con amigos, formar partes de grupos, energía comunitaria, la importancia de las amistades y de tu comunidad, causas humanitarias

Casa 12

Regida por el agua mutable de Neptuno

Instituciones, evasiones, influencias espirituales, musas, adicciones, habilidades psíquicas

ANEXO 3

✦

Los sistemas de casas en la astrología: Placidus contra signos enteros

Una pregunta común que hacen los novatos curiosos de la astrología es: ¿qué sistema de casas *utilizo? ¿Placidus o signos enteros?* Muchos astrólogos han tomado una postura firme a favor del sistema de casas de signos enteros, ya que creen que es una herramienta poderosa que tiene mucho mérito histórico. Sin embargo, muchos otros astrólogos afirman que prefieren el sistema Placidus porque ya están familiarizados y acostumbrados. Mi método se basa en el sistema Placidus, pero el sistema de signos enteros ha ganado tal popularidad que quería abordarlos a ambos. Los dos sistemas tienen fortalezas y debilidades para la interpretación astrológica.

Placidus

Debido a los matices de su interpretación, creo que el sistema Placidus acompaña mejor la astrología psicológica, en donde el enfoque es leer la carta como un mapa de desarrollo y actualización personal.

El sistema de casas Placidus, al igual que el sistema de signos enteros, divide la carta natal en doce casas. No todas tienen el mismo tamaño: pueden variar entre 25 y 45 grados. En todas las cartas natales que usan la división de casas del sistema Placidus, la Casa 1 empieza donde comienza el ascendente (la línea del horizonte del Sol). Esto significa que más de un signo astrológico puede caer dentro de una casa. Por ejemplo, las Casas 4 y 5 pueden caer en el signo zodiacal de Sagitario, y el signo de Capricornio puede estar interceptado dentro de la Casa 5; o las Casas 10 y 11 pueden caer en el signo de Géminis, y el signo de Cáncer puede quedar interceptado dentro de la Casa 11. Es posible que algunos de los signos astrológicos no rijan una casa por sí solos: esta característica brinda una distinción más sutil a una carta natal.

Las intercepciones de los signos zodiacales pueden reflejar las energías psicológicas que se necesitan trabajar y resaltar. Este es el motivo por el que el sistema Placidus es una mejor opción para las lecturas astrológicas individuales. Los astrólogos que trabajan con las intercepciones de los signos sienten que pueden interpretar cómo una energía zodiacal puede expresarse de manera indirecta y pueden ayudar a sus clientes a aprender a fortalecerlas.

Por ejemplo, en una carta natal en la que la Casa 1 comienza en el grado 29 de Piscis y la Casa 2 comienza en el grado 3 de Tauro, Aries estará interceptado y quedará intercalado entre Piscis y Tauro. Debido a que ninguna cúspide de una casa astrológica cae en el signo de Aries, una persona que tiene Aries interceptado en su carta natal tendrá mayor dificultad para reconocer y utilizar la energía de ese signo. Esta información se pierde en el sistema de signos enteros.

El ascendente de la carta es el comienzo de la Casa 1. Además del *ascendente*, hay tres ángulos dentro de la carta: el *descendente*, *imum coeli* (o *fondo del cielo*) y el *medio cielo*. En el sistema Placidus, la Casa 4 del hogar, la familia y la herencia comienza en el grado inicial del *imum coeli*; la Casa 7 de la relación cercana, en el grado inicial del descendente; y la Casa 10 del legado y la reputación, en el grado del medio cielo.

Signos enteros

El sistema de signos enteros es más antiguo y más conocido. Se perdió mucha información sobre este sistema desde que los astrólogos occidentales en la Edad Media lo adoptaron entre el siglo v y fines del siglo xv, aunque la mayoría de esta información se recuperó durante las décadas de los ochenta y los noventa y el sistema ganó popularidad durante las primeras dos décadas del siglo xxi. El uso del sistema de signos enteros puede ser más sencillo cuando el astrólogo ya conoce el ascendente. Los astrólogos que lo utilizan pueden evitar las complejidades que conlleva interpretar signos interceptados.

Cuando se aplica el sistema de signos enteros, las doce casas se dividen de manera equitativa entre los signos del zodiaco. Cada casa astrológica cae entera en uno de los doce signos, por lo tanto, cada signo rige una de las casas. En este sistema, todas las casas comienzan en el grado 0 y terminan en el grado 29, lo que suele dar como resultado que el ascendente caiga en la Casa 1 o justo antes de ella (entre los grados 1 y 29). Los ángulos astrológicos (ascendente, descendente, *imum coeli* y el medio cielo) son puntos que flotan dentro de las casas astrológicas en lugar de estar fijas en las cúspides de las Casas 1, 4, 7 y 10.

Para los astrólogos que escriben horóscopos, el sistema de signos enteros resulta más conveniente: las casas divididas en grados iguales facilitan las predicciones astrológicas generales. Cuando un astrólogo interpreta la carta de una persona en lugar de crear horóscopos generalizados para cada signo del zodiaco, el sistema de casas Placidus puede ser una mejor opción, ya que la Casa 1 de la personalidad comienza en el grado del ascendente y hace posible reconocer muchas más especificidades y detalles.

A partir de ahora...

Una de las diferencias entre estos dos sistemas de casas es que se prefiere el de signos enteros en la sociedad oiental (India), mientras que en la sociedad occidental se prefiere el Placidus (América del Norte e Inglaterra). Las diferencias entre estas culturas (un Occidente individualista y enfocado en la persona y un Oriente más colectivo) pueden impactar en la forma de interpretar cartas astrológicas en esas partes del mundo. Me gustaría aclarar que, siempre que un astrólogo brinda una lectura o crea un horóscopo, estamos frente a *una carta que lee otra carta*: los sesgos del astrólogo siempre influyen en la interpretación. Además, la identidad de cada persona existe dentro de un contexto cultural más amplio, y ese contexto impacta en la manera en que se interpretan las cartas y los horóscopos y la manera en que se reciben las lecturas. La elección entre los sistemas de casas Placidus o signos enteros se ve afectada por todos estos factores.

Se puede obtener información mediante los dos sistemas de casas. Estos sistemas funcionan mejor cuando se utilizan intencionadamente, es decir, cuando los astrólogos tienen en cuenta el tipo de información que quieren obtener de una carta natal. El sistema de signos enteros puede ser la mejor opción para la astrología predictiva y cuando se intenta conseguir una perspectiva externa de la carta natal. La lectura de casas Placidus puede ser de mucha utilidad si los astrólogos quieren ser más precisos y buscar con mayor profundidad los matices psicológicos del cliente.

Referencias

Hand, Robert. *Whole Sign Houses, the Oldèst House System: An Ancient Method in Modern Application.* ARHAT Publications, 2000.

Kahn, Nina. *Astrology for Life: The Ultimate Guide to Finding Wisdom in the Stars.* Nueva York: St: Martin's Press, 2020. Versión impresa.

ANEXO 4

Precisión de los equinoccios

Por qué las personas dicen que la astrología ya no tiene valor... Y por qué están equivocados

Con frecuencia, las personas que están en contra de la astrología empiezan hablando sobre la precisión de los equinoccios porque afirman que la «desmiente». En la actualidad, debido a la precisión de los equinoccios, los signos del zodiaco no coinciden con las constelaciones que comparten sus nombres.

De hecho, el punto al que los astrónomos llaman «equinoccio vernal» y los astrólogos «grado 0 de Aries» se ve cada año desde la Tierra ligeramente antes de la posición que tenía el año anterior en comparación con el fondo de las constelaciones. Esto sucede porque hay un desvío en el eje de nuestro planeta causado por las fuerzas gravitacionales desiguales del Sol y de la Luna sobre la superficie de la Tierra. Hoy en día, el punto al que se conoce como «grado 0 de Aries» se ve desde la Tierra en la constelación de Piscis.

Los escépticos dirán: «¡Ajá! Eso prueba que la astrología es mentira. No puedes decir que el Sol de una persona está en Aries cuando el punto en el espacio ahora es Piscis, ¿no?».

Están equivocados.

El profano siente mucha confusión porque las constelaciones tienen los mismos nombres que los signos del zodíaco, pero no son lo mismo. Los grupos de estrellas que se marcan en las cartas como constelaciones, en realidad, no son grupos. Lo que vemos desde la Tierra es el patrón de muchas fuentes de luz, algunas de hace millones de años luz, y otras de mucho antes. Estos «grupos» no tienen límites definidos, pero la humanidad los clasifica en constelaciones.

Al momento en que estas constelaciones se nombraron y esos nombres se popularizaron, los 30 grados de la eclíptica a partir del equinoccio vernal se llamaban Aries, y la constelación que aparecía como fondo también se llamaba Aries. No hay una fecha precisa de este nombramiento, pero Hiparco no descubrió la precisión de los equinoccios hasta el año 134 a.C.

Desde la Tierra, el punto del equinoccio vernal (grado 0 de Aries) parece retroceder cada año. Las constelaciones permanecen en la misma posición. Sin embargo, los signos del zodiaco se cuentan y siempre se han contado en segmentos de 30 grados desde el punto del equinoccio vernal. Aries siempre ocupará los primeros 30 grados de la eclíptica (y lo seguirán el resto de los signos). Por lo tanto, cada año retrocederá un poco más en el fondo de las constelaciones.

En consecuencia, el hecho de que el punto que llamamos grado 0 de Aries ahora se vea desde la Tierra contra el fondo de la constelación de Piscis no tiene nada que ver con la astrología. Tampoco prueba o desmiente nada. Cuando las personas asumen que, de algún modo, «refutan» la astrología, no han comprendido la diferencia entre las constelaciones astronómicas y los signos del zodiaco.

Puede ser de ayuda pensar que los signos del zodiaco son un tipo de abreviatura para describir los diversos grados de la eclíptica (recuerda, esto siempre comienza en el equinoccio vernal y su punto de partida no cambia). Todos los segmentos de 30 grados de la eclíptica tienen cierta significancia astrológica, pero, en verdad, no necesitamos llamarlos Aries, Tauro, etcétera. Simplemente, es más fácil decir, en una carta en particular, que Marte está en el grado 3 de Cáncer en lugar de decir que está en el grado 93 de la eclíptica.

MÁS EJERCICIOS ASTROLÓGICOS

Más ejercicios astrológicos para cada signo

Si bien estos ejercicios están organizados por signos del zodíaco, puedes hacer cualquiera que te llame la atención. Recuerda que todos los signos forman parte de tu carta natal. El objetivo de estos ejercicios es desarrollar las áreas y elementos que ya son tu fuerte y abordar las áreas y elementos que necesitas reafirmar. Quizás estés trabajando en equilibrar tu carta natal, que tiene mucha cantidad de un elemento; si sientes atracción por los ejercicios de ese elemento, entonces podrías hacerlos para perfeccionar o ampliar su expresión positiva. O podrías inclinarte por los ejercicios relacionados con otros elementos y así lograr un equilibrio.

Aries (fuego)

En la profundidad de nuestro interior, todos llevamos un guerrero intrépido que lucha por recordar y atesorar el amor. Este año le pide al Aries que llevamos dentro que se abra paso entre nuestras indiferencias y excusas para defender a los marginados y oprimidos.

Somos tan buenos como nuestras debilidades. El combustible y el fuego del valiente Aries nos motivan a ir más allá de lo incómodo y del egoísmo para invocar lo mejor de la naturaleza humana. Los héroes nuevos se ven impulsados a actuar en una red interconectada y guiada con valentía, reconociendo las fortalezas y contribuciones de los demás.

Una persona puede ser y será el punto de inflexión. Esa persona podrías ser TÚ.

Elige una causa por la que trabajar incansablemente. ¿Cómo hablarás de ella, cómo actuarás en su nombre y cómo la llevarás a la práctica? Elige una sola, así tu increíble influencia e iniciativa lograrán un impacto duradero.

Tauro (tierra)

Cuando vemos que las «cosas» son placeres temporales en lugar de pruebas a nuestra medida, es natural que elijamos ser generosos y atentos al compartir lo que podamos. Para que salgan los mejores atributos de Tauro, debemos enfocarnos en valorar la Tierra en lugar de los objetos brillantes, y apreciar a nuestros amigos verdaderos y leales en lugar de buscar otras ofertas mejores.

Hagamos un balance: ¿Qué es SUFICIENTE? ¿Qué es un exceso? ¿Qué se necesita para limpiar este lío planetario?

La satisfacción viene de respetar los valores a largo plazo y la sostenibilidad material y emocional. Todos tenemos una parte que quiere más y más tiempo, dinero y relaciones, y se olvida de que tener no es lo mismo que valorar. Lo que sea que tengamos en este momento es nuestro, y debemos cuidarlo y estar agradecidos.

Así que hoy regala algo. Podría ser una llamada. Podría ser un cheque con muchos ceros. Podría ser simplemente una comida compartida.

Cuando damos a quienes tienen menos amor, tiempo, dinero o posibilidades, estamos yendo en la dirección correcta.

Géminis (aire)

Muchos de los que estamos bajo el hechizo de Géminis tendemos a comprometernos, hablar y consentirnos demasiado por las respuestas digitales rápidas. Para traer un poco de cordura a nuestro cerebro y a nuestro cuerpo, necesitamos eliminar el parloteo de Internet. Cuando ajustamos nuestras expectativas a la realidad, sin perder impulso para alcanzar un sueño, creamos una alineación madura con lo que es y con lo que podrá ser en el futuro.

Dedica más esfuerzo a reflexionar, reconsiderar y encontrar el silencio en la naturaleza. Para que este año veamos resultados reales, que se reflejen en un sistema nervioso más tranquilo y en el cumplimiento de promesas importantes, debemos encontrar la quietud que sigue existiendo y esperar a que nos oigan.

Hablar con prudencia y camina por el camino de la comunicación amable en tu práctica diaria. Haz hincapié en el discurso razonable y el comportamiento digital sensato. Tómate cinco minutos para no hacer nada, pero busca en la naturaleza la respuesta a esta pregunta: ¿Qué es lo que quieres decirme?

Cáncer (agua)

En Cáncer, las oportunidades para mantener comunicaciones sensibles y poderosas se expanden, y puedes volverte más radiante en tu búsqueda de la autenticidad.

Este es el momento de pedir que los demás vean y entiendan tus necesidades, y se trata de revelar lo que hay debajo de tu coraza con amabilidad y autoridad.

Los cuidados pasan por mantener una estructura y límites claros, en lugar de capitular ante demandas o artimañas emocionales y manipuladoras. Recuerda: amar a alguien no significa protegerlo del dolor necesario para su desarrollo personal.

Estos son días como los de la fiebre del oro, si el tesoro que buscas es tu alma. ¡Es hora de pedir lo que quieres y necesitas!

Hoy, diles a por lo menos dos personas algo que te gustaría que hicieran por TI. Algo sencillo y factible. Comunícales lo que significaría para ti que te cuidaran de esa manera.

Observa: ¿cómo te sientes al hablar de tus necesidades?

Leo (fuego)

Leo invita a la expresión personal en relación con el contexto de los otros. La creatividad y el afecto se modificarán en cada situación a través de las realidades y los términos de quienes están a tu alrededor. Se requiere humildad para ser claros sobre la visión más amplia del amor y para perseverar y triunfar, sin importar los obstáculos que aparezcan en el camino.

Podemos aprender mucho al no aferrarnos a ningún momento y al profetizar el siguiente. Mantén un corazón puro, incluso cuando el camino tenga curvas y contracurvas. El corazón siempre depurará lo que encuentre.

¿Qué es lo que quieres o querías, pero no has recibido exactamente como pretendías? Puede ser un poco frustrante, pero este es el momento para verlo desde otro lado.

Escribe a un amigo y cuéntale cómo se fortaleció tu carácter cuando las cosas no salieron tal como querías.

¿Ves la fortaleza que has cultivado cuando tuviste que dejar que la vida siguiera su curso? Recuerda que el camino siempre se abre de manera perfecta e imperfecta.

Virgo (tierra)

La energía de Virgo va hasta lo profundo de las esencias en un aura de aceptación expansiva. Se trata de:

Observar a las hormigas construir sus hormigueros, mientras sientes la brisa ligera en el cabello
Jugar con los granos de arena y escuchar el sonido de las olas
Sostener la mirada de un ser amado con profunda atención y tocarle el cabello con ternura

Usa la capacidad analítica de Virgo para aumentar tu fascinación por todas las maneras en que los detalles abren puertas a dimensiones atemporales y amorfas del amor. Con una consciencia precisa y abierta, encontraremos el infinito.

Elige un detalle particular de tu vida. Contémplalo de verdad, con la mayor devoción. Al mismo tiempo, permite que la energía que rodea tu cuerpo se expanda y se conecte con la gran divinidad, y presta atención a la belleza del momento.

Libra (aire)

Mientras nos deslizamos por la vida y el mundo con su intensidad y sus exigencias, Libra nos pide constantemente que respiremos y pensemos: «¿Cuál es mi centro ahora?».

La balanza siempre se inclina a favor de volver a encontrar el equilibrio. Si caes en un sinfín de extremos sin quererlo, fíjate con la rapidez y suavidad que puedes enderezarte. No dejes lugar para la autocrítica.

Camina por una cornisa, un borde o un límite que sea muy seguro. Observa lo que se necesita para caminar con precisión e intención. Tómate un tiempo para disfrutar la sensación de volver al equilibrio.

¿Cómo te sientes?

Escorpio (agua)

¿Alguna vez te has sentido rechazado, negado o silenciado, en los momentos más solitarios y oscuros de la noche?

A todos nos invocan a mirar nuestras sombras censuradas y las de los demás. Escorpio nos desafía a amigarnos con las preocupaciones y el desprecio por nosotros mismos que están en lo profundo y convertirlos en diamantes enterrados que quieren salir a la luz. En la quietud bajo la luna negra, descubrimos lo que hemos silenciado en nuestro interior.

El alma sabe que no hay separación entre la oscuridad y la luz, y que nuestra tarea sagrada es aceptarnos y atender nuestros rasgos menos amados con una compasión y diligencia más fervientes.

Toma algunas de las escenas, pensamientos o sentimientos nocturnos y escribe sobre ellos como si fueran las historias más importantes que debemos contar.

¿Cómo llaman a curar, perdonar y reconocer tu corazón? ¿Qué puedes aprender tras haber escuchado a tus sombras?

Sagitario (fuego)

Ya sea que te hayas enamorado o estés luchando por la carrera de tus sueños o los deseos del mundo, aferrarte con fuerza a un resultado futuro te priva del placer de estar presente durante el proceso.

Cuando cazamos y perseguimos un objetivo a través de un lente en blanco y negro, nos volvemos más rígidos. Sagitario nos ayuda a ver que es mejor imaginar una experiencia ideal del amor o la paz y luego entregarla a la divinidad de tu conocimiento.

La libertad se encuentra al despegarse de los resultados.

Escribe tres aspiraciones en un trozo de papel. Quémalo mientras dices: «Entrego todos los sueños a la divinidad de mi conocimiento y me convierto en una pieza alegre y disciplinada en el desarrollo de la vida».

Haz todo con una determinación feliz para elevar el amor y la expresión creativa de tu trabajo, vida personal y el mundo; al mismo tiempo, atesora cada obstáculo del camino. ¿Cómo te sientes al despegarte de los resultados y disfrutar la aventura del presente?

Capricornio (tierra)

Deja de escudarte detrás de la dominación, la competencia, la comparación y el reproche, y elige proteger, cuidar, administrar y ser responsable.

Este año se trata de dejar de hostigar para empezar a impulsar. En lugar de «reventarla», «romperla», «dar en el clavo», inclínate por amigarte, cuidar y aceptar.

Encuentra un aspecto de tu vida en el que siempre te has dejado llevar por una sensación de incapacidad. Siéntate con un amigo o una amiga y pídele que te escuche hablar sobre los momentos en que tu mente te trata mal. No intentes arreglarlo; en cambio, deja que alguien te escuche y soporte el malestar que produce una mente que compara. Aléjate del virus de la comparación y siente la conexión con esa persona.

¿Ves que conectar te hace sentir mejor que comparar?

Acuario (aire)

El signo de Acuario representa a los raros del mundo que tanto adoramos. Todos necesitamos aceptar nuestras excentricidades escandalosas hoy más que nunca.

Como las costumbres de antes se resisten a la inclusión, la diversidad y los caminos directos al conocimiento, se volverá indispensable que todos los sanadores y videntes ocultos salgan del armario. Es hora de que los raros, cerebritos, adivinos, oráculos y magos se vuelvan más visibles. El futuro no es lo que conocemos. Se trata de lo que está al alcance de la mano, y de cómo nos presentamos con un plan integral.

Haz algo extremadamente cariñoso o amable por alguien que no se lo espere.

Cuanto más demostremos una conexión extravagante y manifestaciones creativas, el planeta se sentirá menos solitario, y más personas descubrirán que no vivimos en un universo inerte. El mundo te suplica que muestres tu magia y hagas actos de amor y generosidad irracionales.

Piscis (agua)

Todos tenemos defectos. Todos tenemos algún tipo de herida en algún lugar. A todos nos han lastimado y hemos hecho daño. Piscis nos recuerda que ni tú ni yo somos superhumanos. La necesidad imponente y excesiva de ser más que los otros es triste y desacertada.

Las personas más admirables que conozco siempre admiten sus defectos y celebran los de los demás. Cuando nos damos cuenta de que no estamos por encima ni debajo de nadie, soltamos la presión de ser lo que no somos.

Con una apertura y una suavidad absurdas, encuentra las partes de ti que son prisioneras de la narrativa de «ser superior/inferior» y recíbelas con un cálido abrazo.

No tenemos un lugar alejado en nuestro interior al que no podamos hablarle con compasión.

Escribe a alguien en quien confíes sobre dos defectos que te avergüencen y dos actitudes que te hagan sentir superior a los demás y que quieras soltar.

Recordemos este lema: «Todos hacemos lo que podemos, cuando podemos, para dejar un mundo mejor que el que recibimos».

Más ejercicios astrológicos según el planeta

La realidad y la imaginación no son enemigas. De hecho, la ciencia y la fe son dos caras de la misma moneda; las dos buscan fervientemente descubrir el sentido. En esta época de adversidad sin precedentes, todos necesitamos encontrar mucha más fuerza y resiliencia de la que alguna vez imaginamos. Eso es lo que define el carácter y la historia. De cada arquetipo planetario, podemos aprender cómo desarrollar nuestras posibilidades divinas y adoptar una mentalidad optimista y realista.

Sol

El Sol representa nuestra fuente real de luz, la batería de nuestra alma. Cuando el Sol se expresa plenamente, nos convertimos en un faro para los demás. Es la identidad que se mezcla con la esencia pura. Nos invita con urgencia a convertirnos en nuestra mejor versión.

Decir «gracias» a todo y a todos los que nos apoyan en la vida es una manera poderosa de fortalecer nuestra esencia. A diario, escribo una nota de agradecimiento a la divinidad de mi conocimiento y le pido que me guíe. Escribe tus palabras de agradecimiento por lo que sea que hayas recibido, y pide que tu camino se ilumine con paz y gratitud. Esta es una nota que escribí hace poco para la divinidad:

Ay, Divinidad, gracias por la salud y el bienestar
Gracias por el cobijo y la visión clara
Gracias por la emergente hermosura de la naturaleza
Y por enseñarme a tener madurez emocional
Muéstrame cómo recibir y nutrir mi alma
Muéstrame cómo ser noble y estar completa
Muéstrame cómo creer y percibir la belleza y la eternidad
Y recibe el amor de mi plenitud

Escribe una nota de agradecimiento a la divinidad todos los días. Observa cuánta luz llega a tu cuerpo.

Luna

La Luna representa nuestras necesidades más profundas y nuestro plan divino para cuidar de nosotros y los demás. Es un sistema de guía verdadero e inmaculado que tenemos en nuestro interior.

Por fuera, llevamos ropa y marcas sociales; por dentro, albergamos innumerables necesidades y sentimientos que cambian constantemente.

A menudo, nuestra presentación externa no refleja la complejidad exquisita de la mezcla de luz y oscuridad que tenemos dentro.

Hoy, observa cómo se alinea la presentación de tu Ser con tus conocimientos y necesidades internas. Escribe tres oraciones acerca de lo que realmente necesitas hoy. Por ejemplo: *Necesito tiempo para mí. Necesito pasar tiempo al aire libre en la naturaleza. Necesito recordar cómo respirar profundamente cuando me asusto.*

Ten en cuenta que esas oraciones no deben decir lo que necesitas de los demás. Esas necesidades son secundarias a las que puedo satisfacer por mi cuenta. Convertirnos en nuestros propios cuidadores expertos es el primer paso para lograr la plenitud emocional.

Mercurio

Mercurio representa nuestra forma de pensar y comunicar. Lo que nos decimos a nosotros mismos y al mundo tiene un gran impacto en el campo energético. Observa cómo las palabras cargadas de enojo y odio lastiman el cuerpo. Observa cómo las palabras de miedo generan ansiedad. Observa cómo el amor de las palabras enciende el cuerpo, la mente, el corazón y el alma.

¿Qué energía llevan tus palabras al mundo? Todos necesitamos descargarnos de vez en cuando, pero muchos de nosotros no nos damos cuenta de la cantidad de comunicación tóxica que volcamos sobre nosotros y los demás.

Hoy, asegúrate de respirar antes de hablar, y antes de regañarte. Comienza de nuevo después de respirar y pregúntate: *¿Cómo quisiera que me recuerden?*

A veces, nuestro discurso impulsivo no es muy competente. Tómate un tiempo hoy para usar palabras que inspiren y eleven. Además, anota las perlitas de inspiración que salgan de tu boca durante el día.

Venus

A través del arquetipo de Venus, aprendemos sobre nuestros valores y el estilo con el que elegimos identificarnos.

¿Cuántas veces alineamos nuestras elecciones románticas a nuestros valores centrales? Si la transparencia es tu valor central, ¿empiezas tú o esperas a que los demás la implementen primero? Si la amabilidad es tu prioridad, ¿la respetas incluso cuando te fastidian con una llamada de publicidad?

Para empezar a alinear nuestros valores con nuestras acciones de manera consciente —ser la persona que *actúa con el amor que quiere ver en el mundo*—, escribe tus cinco valores centrales para las relaciones.

¿Valoras el humor? ¿El respeto? ¿El afecto? ¿Qué valores son los más importantes para ti en los vínculos íntimos? Ten presente esos valores en tu cuerpo durante el día de hoy. Inclúyelos en tu lista de pendientes. En cada mensaje de texto, llamada por Zoom o trabajo, observa lo que sucede cuando priorizas esos cinco valores y los tomas como precedente de tu comportamiento y tus palabras.

Marte

Marte está relacionado con la capacidad de actuar, aseverar y atacar. Se trata de la acción correcta: hacer lo mejor, sin importar quién lo sepa, apruebe o desapruebe. Algunos de nosotros tenemos un temperamento más fuerte que otros. Algunos lo aplacamos y la depresión nos paraliza. Algunos somos muy buenos para expresar nuestras necesidades y deseos. ¿Sabes cómo accedes a tu energía activa? Analicémoslo.

Hoy, califica del 1 al 10 tu capacidad para usar la energía. 10: estás en buena forma física y eres fuerte emocionalmente. Eres un motor de eficacia y acciones claras. 5: Eres inconstante con la actividad física. Acumulas resentimiento porque solo te activas cuando ya no aguantas más. 1: No te mueves y estás débil emocionalmente. Dejas que otros te den órdenes y colapsas cuando te pones objetivos.

No importa a qué altura de la escala de Marte te encuentres, mejora tu energía al hacer algo genial con tu cuerpo, aunque solo sea dar la vuelta a la manzana un par de veces. Además, escribe una afirmación sobre lo que necesitas. Asegúrate de usar términos neutros, sin culpas.

Júpiter

Con Júpiter aprendemos el uso correcto de la abundancia y nos embarcamos en la búsqueda del sentido. Cuando expandimos nuestra cosmovisión y aplicamos sistemas de creencias que nos elevan a nosotros y a los demás, nos sentimos emocionalmente llenos. Júpiter amplía aquello en lo que invertimos nuestra energía y aumenta las cosas en las que pensamos. Nos recuerda que el amor siempre es el camino seguro.

Hoy, imagínate un mundo libre de dudas, en el que puedes actuar según tus principios más valorados. Piensa en una situación o relación en la que te hayas retraído porque tenías creencias limitantes. Solo por hoy, haz algo en esa situación que demuestre que crees en ti y que el amor tiene más poder que el miedo.

Saturno

Saturno nos ata a este mundo. Nos recuerda que vinimos a esta vida para hacer algo importante. Con este planeta, el tamaño no importa, pero la intención sí. La disciplina en nombre de la inspiración altruista es la verdadera manifestación.

Cuando no hacemos lo que debemos para desarrollar nuestros talentos y hacer posibles contribuciones al mundo, nos sentimos muy mal. Saturno manda sobre la depresión; cuando nos resistimos a su llamada por pereza, problemas de autoestima o evasión, nos deprimimos. Así que, hoy, elige con sinceridad una pequeña cosa que puedas hacer para aumentar tu energía y lograr salud y bienestar.

¿Qué te gustaría hacer? Hazlo todos los días durante esta semana y cuéntale a alguien en quien confíes cómo sientes.

Quirón

Quirón nos enseña que todos tenemos heridas inefables que nunca sanarán, pero que nos guiarán si se lo permitimos. El mensaje de Quirón es curar nuestras heridas para que no se las hagamos a otros, y quizás para que les enseñemos lo que hemos aprendido durante nuestra recuperación. Cuando nos damos cuenta de que nunca estamos por debajo ni por encima de nadie en cuanto a lecciones por aprender, podemos acercarnos a los demás con entusiasmo para que nos ayuden a sanar nuestros sentimientos.

Hoy, tu tarea es tomar una de tus heridas más grandes y verla como un regalo. Por ejemplo: una de mis heridas más importantes es no sentirme comprendida emocionalmente por mis padres. Eso se convirtió en una búsqueda y en el trabajo de mi vida: la base de la psicología y de la astrología psicológica es la comprensión de los otros y de mí misma.

Toma una de tus verdades dolorosas y transfórmala en un portal hacia tu don. Todas las heridas que tenemos se convierten en un regalo de luz sanadora cuando las sanamos con amor verdadero y constante.

Urano

Con Urano aprendemos el significado de salir de nuestro letargo y despertar nuestra consciencia. A veces, con la energía de Urano nos sentimos como si nos hubiera caído un rayo encima; y otras, como si viéramos el amanecer por primera vez.

Debemos asumir que, la mayoría de las veces, estamos distraídos, en piloto automático. Luego entra Urano, que rige nuestra chispa de creatividad, originalidad y revelación impactante.

Hoy, pon el temporizador cada hora y utilízalo para recuperar la atención. Toma notas breves sobre lo que se despierta en ti. *¿Qué piensas? ¿Cómo te sientes? ¿Qué sientes tomándote un momento para ti para estar completamente alerta y volver a la vida?* La influencia de Urano se puede parecer a la sensación de enamorarse de pronto o de recibir una bofetada en la cara y que nos digan: DESPIERTA. Enamórate del despertador.

Neptuno

Neptuno nos recuerda que, en definitiva, somos partículas y olas, y nadie puede escapar del unificador absoluto: la muerte. La ilusión que generan nuestras diferencias también crea una idea errónea de jerarquía y protección. Como todos sabemos, una pandemia puede matar a cualquiera. Las noches de insomnio no discriminan. A todos nos pueden engañar. Todos podemos experimentar la dicha.

Neptuno nos enseña que toda la humanidad comparte las mismas risas, las mismas lágrimas, los mismos amores y sufrimientos. La clave está en fundirse en ese conocimiento ilimitado con la mayor frecuencia posible para reconocer lo preciada que es la vida, breve y frágil.

La poesía, la música y las artes están bajo el hechizo de Neptuno; nos ayudan a entrar en esos estados amorfos y atemporales. Hoy, elige una de las puertas a lo eterno. Adopta una forma de expresión transportadora y honra conscientemente la magia misteriosa de lo que yace más allá de los reinos del ser humano.

¿Qué has aprendido al olvidarte del tiempo y estar completamente en el presente? ¿Y si entraras en esa frecuencia más a menudo?

Plutón

Plutón nos recuerda que estamos aquí para renacer una y otra vez, y para soltar nuestras corazas, defensas y creencias erróneas. Nos dice: Deja morir a tu «yo» impostor mil veces, si eso te permite dar un solo vistazo a quien eres de verdad.

La deconstrucción nunca es placentera pero, a veces, hay que eliminar lo que está podrido. Lo importante es cómo renacemos de las cenizas del pasado con autenticidad y un coraje emocional decidido. Quiero que el sufrimiento valga la pena. ¿Para qué nos molestamos en crucificarnos emocionalmente si no vamos a transmitir lo aprendido?

Repasa las épocas de tu vida en las que atravesaste alguna muerte del ego. Por ejemplo, yo podría mencionar la vez que no me eligieron para el primer programa de doctorado que solicité a los veinte años. Piensa en dos ejemplos. Luego, reflexiona: *¿Qué te enseñaron esas muertes del ego y decepciones de la vida real? ¿Qué parte tuya murió en esas situaciones? ¿Qué parte tuya renació después de esa pérdida?*

Me di cuenta de que el programa que me había rechazado era demasiado conservador para lo que yo necesitaba. Tuve que empezar de nuevo y, al final, encontré un programa de doctorado que impulsó mi verdadero ser.

LIBROS Y PÁGINAS WEB

Astrology for Yourself: A Workbook Approach to Learning the Basics de Douglas Bloch y Demetra George

Manual de interpretación de la carta natal de Stephen Arroyo

Las doce casas de Howard Sasportas

Las llaves de la astrología de Hajo Banzhaf y Anna Haebler World *Ephemeris: 20th & 21st Centuries* de Robert Hand o en www. astro.com

Llewellen's Daily Planetary Guide de Paula Belluomini y Michelle Perrin

Astrología psicológica

Use Your Planets Wisely de Jennifer Freed

Astro-Psychology: Astrological Symbolism and the Human Psyche: The Traditional Wisdom of Astrology Examined in the Light of Jungian Psychology de Karen Hamaker-Zondag

Neptuno, un estudio astrológico de Liz Greene

Astrología, psicología y los cuatro elementos: estudio de las energías en la astrología y su empleo en las artes consultivas de Stephen Arroyo

Significado y simbolismo de Quirón: una dimensión psicológica de la astrología de Melanie Reinhart

Images of the Psyche: Exploring the Planets Through Psychology and Myth de Christine Valentine

Mythic Astrology de Ariel Guttman y Kenneth Johnson

The Inner Planets: Building Blocks of Personal Reality de Liz Greene y Howard Sasportas

The Magic Thread: Astrological Chart Interpretation Using Depth Psychology de Richard Idemon

Planetary Symbolism in the Horoscope de Karen Hamaker-Zondag

Saturno: un nuevo enfoque de un viejo diablo de Liz Greene

Aspectos y tránsitos

Planets in Aspect: Understanding Your Inner Dynamics de Robert Pelletier

Los dioses del cambio: el despertar y las crisis transpersonales de transitos de Urano, Neptuno y Plutón de Howard Sasportas

Planets in Transit: Life Cycles for Living de Robert Hand

Saturn in Transit: Boundaries of Mind, Body, and Soul de Erin Sullivan

Comparación de cartas

Planets in Composite: Analyzing Human Relationships de Robert Hand

Relationships and Life Cycles: Astrological Patterns of Personal Experience de Stephen Arroyo

Through the Looking Glass: A Search for the Self in the Mirror of Relationships de Richard Idemon

Varios

Astrology and Spiritual Awakening de Gregory Bogart

Astrology for the Soul de Jan Spiller

Karmic Astrology: The Moon's Nodes and Reincarnation de Martin Schulman

Your Secret Self: Illuminating the Mysteries of the Twelfth House de Tracy Marx

Karmic Astrology: Joy and the Part of Fortune de Martin Schulman

The Astrologer's Node Book de Donna Van Toen

Making the Gods Work for You: The Astrological Language of the Psyche de Caroline Casey

Prometheus the Awakener de Richard Tarnas

También tener en cuenta cualquier libro de

Stephen Arroyo

Lynn Bell

Gregory Bogart

Darby Costello

Steven Forrest

Liz Greene

Robert Hand

Tracy Marx

Chani Nicholas

Howard Sasportas

Richard Tarnas

Páginas web

https://thezodiac.com/ (Anthony Peña, Dr. Z, The Zodiac Master)

https://mountainastrologer.com/ (versión en línea de la revista)

http://www.weboteric.com (Val Harrison)

https://astro-cartography.com/ (Michael Baruch)

https://www.astrogold.io (Software Astro Gold para Mac)

https://alabe.com/ (Software para PC Astrolabe: Solar Fire)

https://www.jenniferfreed.com

http://yourastrologysite.com/

www.astroamerica.com (gran librería astrológica)

https://www.londonastrology.com (libros y suministros de astrología)

SOBRE LA AUTORA

La doctora Jennifer Freed es una reconocida astróloga psicológica y formadora en educación social y emocional. Hace más de treinta y cinco años que se dedica al asesoramiento de clientes y empresas internacionales sobre temáticas psicológicas, espirituales y educativas. Ha ejercido como directora clínica del Pacifica Graduate Institute y como asesora nacional de EMDR (terapia para superar el trauma). Colaboradora habitual de Goop y Maria Shriver, Jennifer ha escrito diez libros relacionados con el crecimiento personal y ha sido entrevistada debido a su experiencia por *The New York Times, The Wall Street Journal, USA Today, People* y *Vogue.*